중고등부 절대믿음 성경공부 시리즈 2

십대가 꼭 알아야 할
그리스도인의

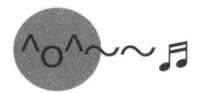

손승락 목사는

교회사역을 거쳐서
현재는 영신여자고등학교 교목실장으로
학원사역을 통한 청소년 사역을 감당하면서,
한국중·고등학생선교회의 디렉터를 맡아
중·고등학생 전문사역자로, 중·고등부 성경공부
교재와 매일묵상기도집 등을 저술하는 작가로,
활발히 활동하고 있습니다.

중·고등학생용 365 매일묵상기도집으로는
『365일 기도하는 다윗』(도서출판 요셉의 꿈)
『솔로몬 매일 기도집』(도서출판 요셉의 꿈)
『위대한 사람을 만드시는 하나님』(도서출판 요셉의 꿈) 등을.

중·고등부성경공부교재로는
『십대문화 예수생각 1~3(베드로서원)
『예수쟁이 십대』1~12(베드로서원)
『비전 바루기』1, 2(생명의 말씀사)
『코뿔소 십대』1~3(도서출판 처음)
『말씀을 꽃피우는 십대』1~4(도서출판 처음)
『예수사랑 십대천사』1~3(도서출판 처음) 등을.

단행본으로는
『꿈을 명(命) 받았습니다』(도서출판 요셉의 꿈) 등
총 50여권의 책을 저술했습니다.

중고등부 절대믿음 성경공부 시리즈 2

십대가 꼭 알아야 할
그리스도인의

절대 사랑

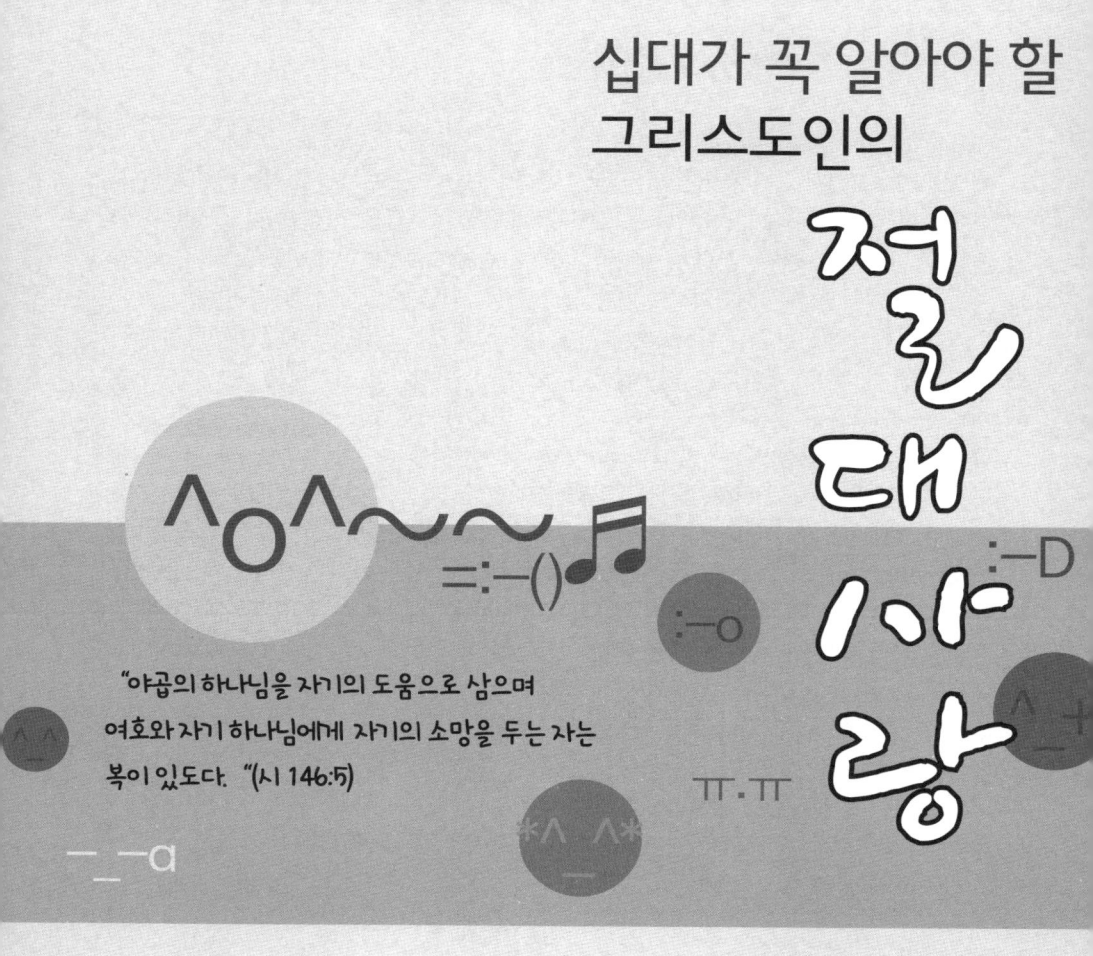

"야곱의 하나님을 자기의 도움으로 삼으며
여호와 자기 하나님에게 자기의 소망을 두는 자는
복이 있도다."(시 146:5)

저자 손승락 목사

도서
출판 요셉의 꿈

세상이 감당하지 못하는 사람!

예수 그리스도께서 그런 분이셨던 것처럼, 그리스도의 사람도 그런 사람이어야 합니다. 성경에는 믿음으로 세상을 이긴 하나님의 사람들에 대한 이야기들이 많습니다. 그런데 요즘은 '세상이 감당하지 못하는 사람'이 아니라, '세상을 감당하지 못하는 사람'으로 사는 그리스도인들이 많습니다. 젊은 세대일수록 더욱 그렇습니다. 믿음이 약하기 때문입니다.

위대한 하나님의 사람들은 어떤 상황에서도 흔들리지 않는 믿음, 평생 동안 변하지 않는 한결같은 믿음, 부귀영화와도 바꾸지 않는 믿음, 어떤 권력으로도 굴복시킬 수 없던 믿음, 절대로 하나님으로부터 끊어놓을 수 없던 강력한 믿음을 가졌었습니다. 이런 믿음을 '절대믿음'이라고 할 수 있습니다. 우리 그리스도인은 자신을 위해서 이런 절대믿음을 가져야 합니다. 한국교회의 미래를 위해서도 절대믿음을 가진 용사들을 길러내야만 합니다.

고난과 역경이 온다고 좌절하고 주저앉는 그리스도인들도 있습니다. 주를 향한 소망이 희미하기 때문입니다. 하나님을 향한 절대소망으로 극한의 고난과 역경을 견뎌낸 믿음의 영웅들을 배워야 합니다. 우리의 십대들이 '절대소망'의 그리스도인이 되도록 양육해야 합니다.

그리스도인들을 빛과 소금으로 칭송하던 한국사회가 이제는 반기독교적 정서를 보이고 있습니다. 한국의 그리스도인들과 교회가 그리스도의 사랑을 잃어버렸기 때문입니다. 그리스도인은 먼저 하나님의 '절대사랑'을 체험해야 합니다. 그리고 그 사랑으로 세상을 감싸 안아야 합니다. 그렇게 될 때 우리 한국사회가 교회와 그리스도인들을 인정하게 될 것이고, 한국교회는 다시 부흥하게 될 것입니다.

믿음·소망·사랑, 이 세 가지는 기독교의 핵심 덕목입니다. 온전한 그리스도인은 이 세 가지 덕목을 갖추어야 합니다. 한국교회의 미래를 짊어질 오늘의 십대를 이런 그리스도인으로 양육하기 위한 성경공부교재가 꼭 필요합니다. 이 성경공부교재는 이런 목적을 위해서 개발되었습니다.

〈십대가 꼭 알아야 할 그리스도인의 절대믿음〉, 〈십대가 꼭 알아야 할 하나님의 절대사랑〉, 〈십대가 꼭 알아야 할 하나님을 향한 절대소망〉, 이 세 권의 절대믿음 성경공부 시리즈가 한국교회의 십대들을 강하고 온전한 그리스도인으로 양육하는 유용한 도구가 되기를 소망합니다.

하나님께 감사와 영광을 올립니다.

2012년 12월
학원선교현장에서 손승락 목사

교재의 성격

기적의 선교현장!

한국교회는 세계기독교역사에서 기적의 선교현장으로 평가받습니다. 선교 120여년 만에 1000만 성도, 전 국민의 20%가 그리스도인이 되었기 때문입니다.

여기 또 다른 기적의 선교현장이 있습니다. 3년 만에 30%의 기독교인 증가율을 보이는 곳, 미션스쿨인 우리학교 학원선교의 현장입니다.

저는 학원선교의 야전사령관인 교목실장으로 16년째 학원선교의 책임을 맡아 사역하고 있습니다. 우리 학교에서는 입학 때 35% 정도의 기독교인 비율이 졸업 때에는 65~70% 정도로 증가하고 있습니다. 3년 동안에 30%의 학생들이 복음을 받아들이고 그리스도인이 되는 것입니다. 모두 하나님의 능력으로 되는 일이지만 정말 놀라운 일이고 감사한 일입니다.

그렇다면 우리학교의 어떤 요인이 남다른 선교효과를 가져오는 것일까요? 무엇보다도 가장 큰 효과를 가져다주는 것은 예배입니다. 입학 후 기독교 신앙을 갖게 된 학생들의 90%가 예배의 영향임이 통계로 확인됩니다. 실제로 우리학교 학생들은 예배를 좋아합니다. 심지어는 다른 종교를 가지고 있는 학생들조차도 "예배드리는 것이 좋다!"고 말합니다. 학생들이 예배를 좋아하는 가장 핵심적인 요인은 설교입니다.

저는 십대들의 눈높이에 맞추어 파워포인트 설교를 합니다. 그러나 그보다 더 중요하게 생각하는 것은 감동을 주는 설교입니다. 그 감동을 위해 저는 주로 '스토리텔링(Storytelling)' 방식의 설교를 합니다. 먼저 '세상 이야기', 지금 세상에서 실제로 일어나는 이야기로 설교를 시작합니다. 성경 주제에 맞는 이상하고, 신기하고, 재미있고, 슬프고, 안타깝고, 화나고, 눈물이 나는 이야기들로 마음을 움직입니다. 그리고 그 감동의 지점에서 성경의 이야기(Bible Storytelling)를 시작합니다. 세상에서 일어나는 이야기를 성경 속에 있는 똑같은 이야기로 해석하고 신앙적 대안을 제시해 줍니다. 그러면 학생들은 자기도 모르는 사이에 자연스럽게 성경적으로 세상을 보고 이해하는 방법을 체득하게 됩니다. 약을 쓴 채로 먹이지 않고 당의정(사탕옷을 입힌 알약)으로 만들어 먹이는 것과 같은 원리입니다.

이 교재도 이런 방식으로 썼습니다. 요즘 학생들에게 효과적이고 검증된 방식으로 성경공부를 할 수 있도록 하기 위해서 입니다. 현실과 동떨어진 지루한 성경공부 시간이 아니라 관심을 가질 수 있고, 실제 생활에 적용할 수 있는 성경공부를 할 수 있는 교재입니다. 교회의 중·고등부 학생들은 이런 당의정 방식의 성경공부가 가장 효과적일 수 있습니다.

교재의 활용

첫째, **성경말씀**은 그 과의 주제가 되는 성경말씀입니다. 가급적 성경을 찾아서 읽습니다.

둘째, **사람의 냄새**는 그 과의 주제를 담고 있는 세상의 이야기들입니다. 이 부분을 읽거나 얘기를 해주고, 〈나는요, 이렇게 생각해요〉 부분에서, 이런 경우에 자신이 취하고 있는 태도에 대해서 함께 나누면 좋습니다.

셋째, **예수의 향기**는, 앞서 생각한 사례와 비슷한 성경 인물들의 이야기입니다. 성경이야기를 구체적으로 살펴보면서, 성경인물들이 취한 태도에서 신앙적인 자세와 문제해결방식을 배우게 됩니다. 〈나는요, 이런 걸 생각했어요.〉 부분에서 성경에서 배운 것들을 함께 나눕니다.

넷째, **마음에 새기는 말씀**은 성경을 찾아 빈 칸을 채우면서(빈칸에 들어가는 단어가 키워드임) 말씀을 마음에 새기는 부분입니다. 그 말씀이 좋은 밭에 뿌려진 씨앗처럼 우리들의 마음에서 잘 자라고 많은 열매가 맺기를 소망합니다.

다섯째, **자신을 위한 기도**는 선생님이 참고하면서 기도해주어도 되고, 학생이 읽으면서 기도를 해도 됩니다. 오늘 배운 말씀을 생활 속에서 실천할 수 있기를 위한 기도이므로, 배운 말씀을 총정리 하는 동시에 믿음의 실천을 결단할 수 있도록 이끌어주세요.

이 교재를 활용해서 성경공부를 하는 우리 십대들이 하나님을 향한 절대믿음에 서고, 우리들을 향한 하나님의 절대사랑에 붙들린바 되며, 믿음의 영웅들인 하나님의 사람들이 가졌던 절대소망을 가질 수 있기를 소망합니다.

절대사랑 CONTENTS

므두셀라를 통해 보여준 절대사랑

성경말씀 창세기 5 : 25~27

므두셀라는 백팔십칠 세에 라멕을 낳았고, 라멕을 낳은 후 칠백팔십이 년을 지내며 자녀를 낳았으며, 그는 구백육십구 세를 살고 죽었더라.

사람의 냄새 10일의 기다림으로 표현된 사랑

준혁이는 5교시가 끝나고 학교에 남아 있은 적이 없는 학생이었습니다. 중학교 2학년 언제부터 5교시가 끝나면 무조건 학교에서 나갔습니다. 고등학교에 올라와서도 그랬습니다. 준혁이의 담임선생님들이 지도하는 방식은 똑같았습니다. 처음에는 좋은 말로 훈계하고, 둘째 단계는 위협했고, 셋째 단계로는 벌을 주었습니다. 그래도 변하지 않으면 다음 마지막 단계는 포기였습니다. 그때부터는 준혁이가 어떻게 하든지 말든지 관심을 두지 않았습니다.

준혁이의 고3 담임선생님도 세 번째 단계까지는 다른 선생님들과 똑같았습니다. 그런데 네 번째 단계가 달랐습니다. 선생님은 훈계, 위협, 벌로 수위를 높여 가면서 준혁이의 무단조퇴 버릇을 고쳐보려고 했습니다. 그리고 그렇게는 안 된다는 것을 깨달았습니다. 그런데 여기에서 고3 담임선생님이 다른 선생님들과 다른 모습을 보여주었습니다. 선생님은 포기하는 대신에 한 번 더 기다려주셨습니다. 그 기다림은 열흘이었습니다. 준혁이와 씨름을 하던 선생님은 어느 날 모든 아이들이 지켜보는 가운데 이렇게 말했습니다.

"오늘부터는 학교를 무단이탈해도 널 혼내지 않겠다. 대신 너에게 열흘 동안 시간을 주마. 네 자신을 조금이라도 사랑한다면 열흘 동안 너의 잘못된 습관을 고치도록 해라. 아무도 너를 도와주지 않을 것이다. 너 자신 말고는!"

반 아이들은 '차라리 돼지에게 진주를 던지는 게 낫다'는 표정으로 선생님을 쳐다보았습니다. 아이들 중 누구도 그 열흘 동안의 기다려줌 때문에 준혁이가 변할 것이라고 생각하지 않았습니다.

물론, 무단이탈의 자유(?)를 얻은 준혁이는 5교시가 끝나면 의기양양하고 당당하게 학교를 떠났습니다. 그런데 9일째 되는 날, 준혁이는 종례시간까지 학교에 남아 있었습니다. 그날 이후 단 한 번도 무단조퇴를 하지 않았습니다. 그 뿐 아니라 수업에도 집중했고, 미친 듯이 공부를 하더니, 대학에 합격하기까지 했습니다.

10일 동안의 사랑의 기다림을 경험하기 전까지는, 준혁이의 무단이탈은 그것을 막으려는 선생님들의 '패배'였고 준혁이의 '승리'였습니다. 그렇게 준혁이는 자기를 꺾으려는 사람들과의 싸움에서 승리(?)하는 것을 즐겼습니다. 그런데 이제부터는 무단이탈이 선생님과의 싸움이 아니라 자신과의 싸움으로 변해버렸습니다. 이제는 무단조퇴 자체가 자신의 패배가 되는 것이고, 선생님과 친구들의 승리가 되는 것이었습니다. 준혁이는 이제 자신과의 싸움에서 이기기 위해서 이를 악물고 과거의 악습을 벗고 새로운 학생으로 거듭나게 된 것입니다.

고3 담임선생님의 10일의 기다림! 그것은 제자에 대한 남다른 사랑이었고, 그 사랑의 기다림이 준혁이를 변하게 만들어주었습니다.

-_-a 나는요, 이렇게 생각해요!

사랑하는 사람을 기다리는 사람은 처음에는 기대와 설렘을 가지고 기다립니다. 시간이 지나면 그리워하게 되고, 기다리던 시간이 너무 길어지면 아쉬운 생각이 듭니다. 그러다가 정말로 너무 오래 기다리게 되면 원망과 노여움을 느끼게 됩니다. 그러나 사랑이 깊은 대상일수록 설렘에서 노여움까지 걸리는 시간이 길어집니다. 너무 깊이 사랑하는 사람에 대해서는 그리움의 단계에서 멈추고 원망과 노여움으로 발전하지 않습니다. 도리어 어느 순간부터는 사랑하는 사람에 대한 염려와 걱정으로 기도하게 됩니다. 어떤 경우라도 사랑하는 사람에 대한 믿음과 기다림을 포기하지 않습니다.

하나님의 깊은 사랑의 기다림을 잘 보여주는 사람이 므두셀라입니다. 므두셀라는 969살까지 살았는데, 오래 살던 사람이 많던 창세기의 초창기 때의 사람들 중에서도 가장 오래 산 사람입니다. 그는 왜 그렇게 오래 산 것일까요? 살고 죽는 것이 하나님께 달려 있는데, 하나님께서는 왜 므두셀라를 그렇게 오랫동안 살게 하셨을까요? 그것이 바로 세상 사람들에 대한 하나님의 사랑이라고 생각해 본 적이 있나요?

므두셀라는 그 이름에 하나님의 계시를 담고 있습니다. 그것은 므두셀라가 죽을 때에 세상의 종말이 온다는 계시입니다. 그렇기 때문에 므두셀라가 죽는 순간에 하나님께서는 세상 종말에 대한 하나님의 약속을 실천할 수밖에 없게 됩니다. 세상에 대한 심판을 연장하기 위해서는 므두셀라를 오래 살게 할 수밖에 없었던 것입니다. 바로 이것이 하나님께서 므두셀라를 오래 오래 살게 하셨던 이유입니다. 그가 아직 살아 있는 동안에 사람들이 죄 가운데서 회개하고 돌아와서 구원받기를 기다리셨던 것입니다.

그렇다면 정말 므두셀라가 죽었을 때 세상의 종말이 왔던 것일까요? 성경에 보면 므두셀라는 187세에 라멕을 낳았고(창 5:25), 라멕은 182세에 노아를 낳았는데(5:28), 대홍수는 노아가 600세 때 일어났습니다(7:11). 이것을 종합하면 노아가 태어났을 때(0세 때) 므두셀라는 369세였으니까, 노아가 600세일 때에는 므두셀라의 나이는 969세가 됩니다. 정말로 므두셀라가 죽은 해에 노아 때의 홍수 심판이 있었다는 것을 알 수 있습니다.

결국 므두셀라가 세상에서 가장 오래 산 사람이 된 까닭은, 인류가 회개하고 돌이켜 구원받기를 바라시면서 심판을 자꾸만 늦추셨던 하나님의 사람에 대한 절대사랑 때문이었습니다.

하나님은 나에 대해서도 사랑으로 기다리고 계십니다. 내가 더 진실해지기를, 내가 더 믿음의 사람이 되기를, 내가 더 성실한 사람이 되기를, 내가 하나님 기대에 맞는 삶을 살기를 사랑으로 기다리고 계십니다. 내가 잘못 살고 있어도 하나님의 징계를 받지 않고 있는 것은 의로운 삶으로 돌아오기를 기다리시는 하나님의 나에 대한 절대사랑 때문입니다.

~(˘ ˘) 주님! 저도 이렇게 살도록 노력할게요.

고린도전서 13 : 4 / 사랑은 오래 참아주는 것

사랑은 ⬜⬜ ⬜⬜ 사랑은 온유하며 시기하지 아니하며 사랑은 자랑하지 아니하며 교만하지 아니하며

베드로후서 3 : 9 / 나에 대해서 오래 참아 주시는 주님의 사랑

주의 ⬜⬜은 어떤 이의 더디다고 생각하는 것 같이 더딘 것이 아니라. 오직 너희를 대하여 오래 참으사 아무도 멸망치 않고 다 ⬜⬜하기에 이르기를 원하시느니라.

이사야 30 : 18 / 은혜를 베푸시려고 기다리시는 하나님

그러나 여호와께서 기다리시나니 이는 너희에게 ⬜⬜를 베풀려 하심이요, 일어나시리니 이는 너희를 긍휼히 여기려 하심이라. 대저 여호와는 정의의 하나님이심이라. 그를 기다리는 자마다 복이 있도다.

6(^_^) 자신을 위한 기도

사랑과 기다림의 하나님!
노아 때 세상을 심판하시겠다고 결심하시고도 천년의 시간을 기다리셨던 하나님의 사랑을. 그 사랑의 기다림을 기억합니다. 지금도 사랑의 기다림으로 저를 기다리고 계실 텐데, 참된 믿음과 믿음의 삶으로 돌이켜서 하나님의 기다리심에 보답할 수 있는 제가 되게 도와주세요. 예수님 이름으로 기도합니다. — 아멘.

야곱의 절대사랑

∧∧ 성경말씀 창세기 29 : 20

야곱이 라헬을 위하여 칠 년 동안 라반을 섬겼으나 그를 사랑하는 까닭에 칠 년을 며칠 같이 여겼더라.

ːㅓ 사람의 냄새 참으로 지독한 사랑

이혼녀 야스코는 두 번 결혼에 실패하고 도시락가게를 하면서 살고 있습니다. 클럽의 여종업원 생활을 하던 야스코는 클럽에서 만난 남자와 두 번째 결혼을 했는데, 그녀의 두 번째 남편은 건달이었고, 남편의 행패를 견디지 못한 야스코는 도망치듯 이혼하고 딸과 함께 지내고 있습니다. 못된 전 남편은 수시로 야스코를 찾아와 행패를 부리며 돈을 갈취해 갑니다. 어느 날 또 찾아와 행패를 부리는 전남편의 폭력에 맞서다가 야스코는 우발적으로 살인을 저지르게 되었습니다.

이웃 빌라에 살면서 야스코를 짝사랑하던 천재 수학교사인 이시가미가 이 사실을 목격하게 됩니다. 그리고 자신의 인생 전부를 걸고 야스코를 보호하기 시작합니다. 그는 자기가 사랑하는 여인을 지켜주기 위해서 스스로 살인자가 됩니다. 사랑하는 여인이 범인으로 잡히지 않도록 하기 위해서 그녀의 살인사건을 미궁에 빠지도록 사건을 조작하고, 자신은 다른 살인사건의 범인으로 자수를 합니다. 나중에 이 사실을 알게 된 야스코는 자기와 같이 보잘 것 없는 사람을 향한 이시가미의 절대사랑에 울부짖습니다. (히가시노 게이고의 소설『용의자 X의 헌신』의 내용)

이시가미는 도대체 왜 그렇게 엄청난 헌신을 하는 것일까요? 야스코는 그렇게 지독한 사랑을 받을 자격이 있는 것일까요? 이에 대한 대답은 절대적인 사랑 밖에 없습니다.

누군가 자신의 전부를 바쳐서 사랑하는 사랑을 받아본 사람은 그것만으로도 얼마나 복된 인생을 사는 것일까요? 살인을 저지른 죄인이 된 것을 알면서도 그의 곁에 남아서 인생을 바쳐 헌신하는 사람은 얼마나 큰 사랑으로 그를 사랑하는 것일까요?

-_-α 나는요, 이렇게 생각해요!

　'사랑'이라는 말은 참으로 아름다운 말입니다. 세상 사람들이 가장 좋아하는 말입니다. 가장 하고 싶은 로망이고, 가장 받고 싶어 하는 갈망입니다. 사랑은, 사랑하는 사람에게, 사랑받는 사람의 모든 것이 사랑스러워지게 하는 매직입니다. 모든 것이 이해되고, 모든 것이 수용되고, 모든 것이 용서되고, 허물까지도 매력이 되고, 추한 것도 아름답게 만들어주는 신비입니다. 사랑은, 사랑하는 사람에게 자기의 가장 소중한 것을 주어도 아깝지 않고, 자신의 모든 것을 내어주어도 더 주고 싶고, 자신의 인생까지도 기꺼이 내어줄 수 있게 하는 헌신입니다.

　사랑받는 사람보다 행복한 사람이 있을까요? 그것도 누군가가 자기 인생 전부를 바쳐서 헌신하는 사랑. 그런 사랑을 받아 본 사람보다 행복한 인생을 산 사람이 있을까요?

　라헬은 그렇게 행복한 인생을 산 사람입니다. 그녀의 남편 야곱은 라헬을 사랑해서 7년의 인생 전부를 바치기로 약속했습니다. 야곱은 그녀를 얻을 수 있다는 희망이 기쁨이 되어서, 외삼촌집의 머슴 생활 7년이 며칠 같이 짧게 여겨졌을 정도였습니다. 그녀를 위해서 7년의 인생 전부를 기쁨으로 바칠 수 있었던 것입니다. 7년을 온전히 바친 후에, 7년을 더 바치라는 외삼촌의 어이없는 요구도 거부할 수 없었습니다. 14년 인생 전부를 바친다고 하더라도 포기할 수 없을 만큼 많이 사랑했기 때문입니다.

　야곱은 아들을 낳지 못했던 라헬 자신의 경쟁심 때문에, 라헬을 포함해서 4명의 아내들에게서 12명의 아들을 낳았습니다. 그런데 그 12명의 아들들 중에서 라헬이 낳은 두 아들 요셉과 베냐민을 자신의 생명처럼 사랑했습니다. 두 아들이 막내이었기 때문이라기보다는 자기가 너무나 사랑했던 사람의 아들이었기 때문에 자기도 모르게 특별히 사랑했던 것입니다.

　사랑받지 못하는 사람은 많이 외로워하고 힘들어하고 불행합니다. 당신을 사랑하는 사람들이 있다는 것은 참으로 행복한 일입니다. 당신을 사랑하는 가족들, 친구들, 선생님들, 교우들, 목사님과 동료들…. 그들의 사랑을 마음으로 받고 깊은 사랑으로 사랑할 수 있는 사람이 되도록 노력하십시오.

　야곱은 라헬을 사랑해서 14년의 인생을 바쳤습니다. 참 쉽지 않은 결단이고, 절대사랑이 아니면 불가능한 헌신입니다. 그런데 당신을 위해서 14년의 인생보다 더한 것을 바친 분이 계십니다. 우리 예수님께서는 당신을 사랑하기 때문에 목숨을 바치셨습니다. 우리 하나님께서는 유일하신 아들 성자 하나님을 인간의 몸으로 세상에 보내시고 십자가에 내어주셨습니다. 당신에 대한 절대사랑이 있기 때문에 가능한 헌신입니다.

　당신은 하나님의 절대사랑을 받은 세상에서 가장 행복한 사람입니다. 무엇보다도 영원히 변하지 않을 하나님의 사랑을 받은 사람이 된 것을 기뻐하십시오. 예수님께서 목숨까지 버리면서 당신을 구해주신 그 사랑 하나만으로도 평생 행복해 하며 살아 갈 수 있을 것입니다.

~(~'_') 주님! 저도 이렇게 살도록 노력할게요.

로마서 5 : 8 / 죽음으로 사랑을 확증하신 분

우리가 아직 ▨▨ 되었을 때에 그리스도께서 우리를 위하여 ▨▨▨으로 하나님께서 우리에 대한 자기의 사랑을 확증하셨느니라.

갈라디아서 2 : 20 / 바울 사도의 존재이유는 주님의 절대사랑

내가 그리스도와 함께 십자가에 못 박혔나니 그런즉 이제는 내가 사는 것이 아니요 오직 내 안에 그리스도께서 사시는 것이라. 이제 내가 육체 가운데 사는 것은 나를 ▨▨하사 나를 위하여 자기 ▨▨을 버리신 하나님의 아들을 믿는 믿음 안에서 사는 것이라.

요한복음 3 : 16 / 외아들을 보내주신 사람에 대한 하나님의 절대사랑

하나님이 세상을 이처럼 사랑하사 ▨▨▨를 주셨으니 이는 그를 믿는 자마다 멸망하지 않고 ▨▨을 얻게 하려 하심이라.

6(^_^) 자신을 위한 기도

사랑의 주님!

나 같이 보잘 것 없는 사람을 사랑해주시는 것을 감사드립니다. 저를 위해서 세상에 오시고, 저에게 영원한 생명을 주시기 위해서 십자가의 고통과 죽음을 겪으신 주님의 헌신을 기억하며 살겠습니다.

주님! 또한 저를 사랑하는 사람들을 주신 것을 감사드립니다. 그 사랑에 배반하지 않는 제가 되게 해주시고, 저도 깊은 사랑으로 사랑할 수 있게 도와주세요. 그리고 나를 사랑하는 사람들과 평생에 함께 사랑하며 살 수 있게 해주세요. 세속적이고 가볍고 쉽게 변하는 사랑이 아니라, 야곱과 라헬과 같은 평생 변하지 않는 사랑을 할 수 있게 도와주세요.

예수님 이름으로 기도합니다. – 아멘.

삼손의 절대사랑

∿ **성경말씀** 사사기 16 : 15~17

들릴라가 삼손에게 이르되 "당신의 마음이 내게 있지 아니하면서 당신이 어찌 나를 사랑한다 하느냐? 당신이 이로써 세 번이나 나를 희롱하고 당신의 큰 힘이 무엇으로 말미암아 생기는 지를 내게 말하지 아니하였도다." 하며, 날마다 그 말로 그를 재촉하여 조르매 삼손의 마음이 번뇌하여 죽을 지경이라. 삼손이 진심을 드러내어 그에게 이르되 "내 머리 위에는 삭도를 대지 아니하였나니 이는 내가 모태에서부터 하나님의 나실인이 되었음이라. 만일 내 머리가 밀리면 내 힘이 내게서 떠나고 나는 약해져서 다른 사람과 같으리라." 하니라.

:¬ **사람의 냄새** **왕위를 버린 사랑의 대가는?**

미국여자인 베시 윌리스는 20세에 해군장교인 조종사 스펜서와 결혼했다가 10년 만에 이혼했습니다. 이듬해 영국인 재력가 심슨과 재혼하여 런던에 정착하게 됩니다. 이렇게 해서 심슨이라는 이름을 갖게 된 심슨 부인은 영국 귀족 사교계에 진출하여 에드워드 왕세자를 만나게 됩니다. 이후 심슨 부인은 에드워드 왕세자의 주말별장인 포트 벨베데어의 공식 손님이 되어 매일 저녁 초대를 받았고 늘 함께 지내게 됩니다. 심슨 부인은 에드워드 왕세자의 식사 메뉴에서부터 애완동물 돌보기까지 포트 벨베데어의 비공식적인 안주인 역할을 맡았습니다. 그렇게 둘의 사랑은 깊어졌습니다.

1936년 2월 20일 조지5세가 별세하자 왕세자는 왕으로 즉위하여 에드워드8세가 되었습니다. 심슨 부인은 왕과의 결혼을 꿈꾸며 남편 심슨과 이혼을 합니다. 그러나 영국의 왕실과 영국의회는 둘의 결혼을 반대합니다. 영국의 왕의 결혼은 영국의회의 동의를 얻어야 가능했습니다. 이제 에드워드8세는 왕위와 여인 중 하나를 선택해야만 했습니다.

에드워드8세는 1936년 12월 10일 밤 10시 BBC라디오방송을 통해서 "나는 사랑하는 사람의 도움과 지지 없이는 국왕으로서의 의무를 다 할 수 없고, 그 무거운 책무를 감당하는 것이 불가능한 것을 알게 되었습니다."라는 말을 남기고 왕위를 포기했습니다. 그리고 후왕이 내려준 윈저공이라는 이름으로 심슨 부인과 결혼하여 프랑스로 건너가서 살았습니다. 월리스는 이렇게 해서 베시 월리스 워필드 스펜서 심슨 윈저 공작부인(Wallis Warfield Spencer Simpson, Duchess of Windsor)이라는 긴 이름을 가지게 되었습니다.

세상 사람들이 '세기의 사랑'이라고 부르고 있는 이들의 삶을 행복했을까요? 미국의 FBI의 비밀문서를 통해 폭로된 심슨 부인의 인생관은 "사람은 부유할수록 좋고, 몸매는 날씬할수록 좋다."는 천박한 것이었습니다. 또 "윈저공은 사랑은 얻었으나 상심했고, 심슨 부인은 보석을 사랑했고 활기에 넘쳤다."는 내용도 있습니다. 게다가 그녀는 에드워드왕과 연인관계로 지내는 동안에도 조아킴 폰 리벤트로프 주영독일대사와 부적절한 관계를 가지고 있었다고 합니다. 심슨 부인이 사랑했던 동기가 에드워드라는 사람이 아니라 그가 가지고 있던 부와 명예와 화려한 생활이라는 것을 말해주고 있습니다. 심슨 부인은 끊임없이 보다 더 화려한 생활을 할 수 있는 사람을 찾았던 것입니다. 어쩌면 윈저공의 '세기의 사랑'은 바보 같은 사랑일지도 모릅니다.

-_-a 나는요, 이렇게 생각해요!

"사랑은 눈을 멀게 한다."는 말이 있습니다. 모든 사랑이 눈을 멀게 하는 것이 아니라 절대사랑이 눈을 멀게 합니다. 왕위를 버린 윈저공도 사랑에 눈이 멀었던 것이라고 할 수 있습니다. 심슨 부인을 향한 그의 사랑은 절대사랑이었습니다. 절대사랑은 사랑의 대상을 객관적으로 평가할 수 없게 합니다. 사랑에 눈이 멀기 때문입니다. 절대사랑은 사랑의 대상의 얄팍함을 알게 되어도 그것까지도 감내합니다. 절대사랑이 어리석은 사랑이 되는 까닭입니다.

심슨 부인에 대한 윈저공의 사랑보다 더 어리석은 사랑이 삼손의 사랑입니다. 들릴라를 사랑하게 된 삼손은 사랑에 눈이 멀었습니다. 들릴라는 기생(성경의 기생은 몸을 파는 여자임)이었고, 삼손을 사랑하지도 않았습니다. 그녀는 자기를 사랑하는 사람을 돈에 팔아먹기 위해서, 그의 비밀을 알아내려고 끈질기게 추궁합니다. "사랑한다면서 왜 비밀을 알려주지 않느냐?" 면서 매일 결사적으로 투정을 부립니다. 삼손은 그런 여자를 끊어버리지 못하고, 결국 자신의 힘의 비밀을 알려주고 맙니다. 들릴라는 자기의 무릎을 베고 잠이 든 삼손의 머리에 삭도를 댔고, 사랑하는 사람의 손에 머리카락이 밀린 삼손은 블레셋 사람들에게 잡혀 머리카락을 밀리고 눈을 뽑히는 비극적인 운명에 떨어집니다.

삼손의 들릴라에 대한 사랑도 심슨 부인에 대한 윈저공의 사랑 못지않은 '세기의 사랑'임에는 틀림없습니다. 그러나 '아름다운 사랑 이야기'라고 하기에는 너무 '어리석은 사랑'입니다. 절대사랑은 그렇게 눈이 멀게도 하고, 어리석게도 만듭니다.

윈저공의 눈을 멀게 한 절대사랑보다. 삼손을 어리석게 만든 절대사랑보다 더 엄청난 세기의 사랑이 있습니다. 우리 주님 예수님의 사랑입니다. 세상의 죄인들을 위한 주님의 사랑입니다. 나를 위한 주님의 사랑입니다. 주님은 죄인 된 나를 사랑하셔서 하늘의 영광을 버리고 세상에 오셨습니다. 조롱을 받으시며 고난과 고통 속에서 십자가에 달려 돌아가셨습니다. 모두 나를 대신하여 받으신 형벌입니다. 나를 향한 주님의 절대사랑이, 나 같은 사람에게 눈멀게 하였으며, 나 같은 사람을 위하여 생명을 바치게 하였던 것입니다. 주님의 절대사랑이 '눈 먼 사랑' '어리석은 사랑'이 되지 않고 고귀한 사랑이 되도록 하려면, 나 자신이 주님의 기대에 부합되는 믿음의 삶을 살아야 하는 것을 기억하십시오.

~(~'_') 주님! 저도 이렇게 살도록 노력할게요.

에베소서 5 : 2 / 목숨을 버린 주님의 사랑

그리스도께서 너희를 사랑하신 것 같이 너희도 사랑 가운데서 행하라. 그는 우리를 위하여 ▢▢을 버리사 향기로운 제물과 희생제물로 하나님께 드리셨느니라.

이사야 53 : 4 / 주님의 절대사랑을 무의미하게 만드는 사람들

그는 실로 우리의 질고를 지고 우리의 슬픔을 당하였거늘 우리는 생각하기를 그는 징벌을 받아 하나님께 맞으며 고난을 당한다 하였노라. 그가 찔림은 우리의 ▢▢ 때문이요 그가 상함은 우리의 ▢▢▢ 때문이라. 그가 징계를 받음으로 우리는 평화를 누리고 그가 채찍에 맞음으로 우리는 나음을 받았도다.

말라기 1 : 2 / 자격 없는 자를 사랑하시는 하나님의 절대사랑

여호와께서 이르시되 "내가 너희를 ▢▢ 하였노라" 하나 너희는 이르기를 "주께서 어떻게 우리를 ▢▢ 하셨나이까?" 하는도다. 나 여호와가 말하노라 에서는 야곱의 형이 아니냐? 그러나 내가 야곱을 사랑하였고

6(^_^) 자신을 위한 기도

사랑의 주님!

사람들은 저마다 사랑하고 사랑받기를 소망합니다. 그리고 사랑에 빠지기도 하는데, 때로는 사랑 때문에 눈도 멀고 이성도 마비되어 결국 비극을 겪게 되는 사람도 있습니다. 하나님, 어리석은 사랑에 빠지지 않도록 도와주세요. 사랑을 하되 이성을 잃지 않고도 진실한 사랑을 할 수 있게 도와주세요.

주님! 저 같은 보잘 것 없는 존재를 위해서 하늘의 영광도 버리시고, 목숨까지 내주신 것은 감당할 수 없는 큰 사랑입니다. 주님의 절대사랑이 저에 대한 눈 먼 사랑이 된 것을 기억합니다. 저에 대한 주님의 사랑이 어리석은 사랑이 되지 않도록 신실한 믿음의 사람이 되게 이끌어주세요.

예수님 이름으로 기도합니다. – 아멘.

요나단의 절대사랑

성경말씀 사무엘상 18 : 3~4

요나단은 다윗을 자기 생명 같이 사랑하여 더불어 언약을 맺었으며, 요나단이 자기가 입었던 겉옷을 벗어 다윗에게 주었고 자기의 군복과 칼과 활과 띠도 그리하였더라.

사람의 냄새 예식장 로비에서 울어버린 신랑

약 25년 전, 결혼식을 맞은 사람이 있었습니다. 그런데 자기와 가장 친한 친구가 오지 않아 기다리고 있는데, 친구는 오지 않고 친구의 부인이 왔습니다. 아기를 등에 업은 친구의 부인은 눈물을 글썽이면서 축의금 13,000원과 편지 한 통, 그리고 사과 한 봉지를 건네주었습니다. 친구가 보낸 편지에는….

"친구야! 나대신 아내가 간다.
가난한 내 아내의 눈동자에 내 모습도 함께 담아 보낸다.
하루를 벌어야지 하루를 먹고 사는 리어카 사과 장수가
이 좋은 날 너와 함께 할 수 없음을 용서해다오.
사과를 팔지 않으면 아기가 오늘밤 분유를 굶어야 한다.
어제는 아침부터 밤 12시까지 사과를 팔았다.
온 종일 추위와 싸운 돈이 만 삼천원이다.
하지만 슬프지 않다.
아내 손에 사과 한 봉지를 들려 보낸다.
지난 밤 노란 백열등 아래서 제일로 예쁜 놈들만 골라냈다 .
신혼여행 가서 먹어라.

친구여~ 이 좋은날 너와 함께 할 수 없음을 마음 아파 해다오.
나는 언제나 너와 함께 있다."

 – 너의 친구가 –

 부끄러워하는 부인을 생각하며 신랑은 겸연쩍게 웃으며 사과 하나를 꺼내, 씻지
도 않은 사과를 우적우적 먹어댔습니다. 그런데 자꾸만 눈물이 나왔습니다. 하지만
참아도 참아도 터져 나오는 울음이었고, 결국 사람들로 붐비는 예식장 로비 한 가
운데 서서 신랑은 어깨를 출렁이며 울어버렸답니다.

-_-a 나는요, 이렇게 생각해요!

고대 이집트 사람들은 친구를 아킵(Akib)이라고 했습니다. '내 마음속 깊은 곳까지 들어와도 괜찮을 사람'이라는 뜻과 '행운'이라는 뜻을 가지고 있는 말입니다. 자신의 마음속에 있는 것을 다 내보여도 부담스럽거나 부끄럽지 않은 친구를 가진 사람은 행운을 가진 사람임에 틀림없습니다.

미국의 기업 연구소에서 조사한 자료를 보면 좋은 친구를 3명 이상 가진 사람이 기업에 기여하는 확률이 96%이고, 친구가 없는 사람은 10% 미만이라고 했습니다. 리더스 다이제스트에는 "친구, 가장 좋은 보약-진실한 우정은 우리의 생명을 연장 시킨다"라는 글이 실렸었는데, 마음을 열고 대화를 나눌 수 있는 친구가 있는 사람은 치매에 걸릴 확률이 40%이상 감소하고, 감기에 걸릴 확률이 4배나 줄어든다는 내용이었습니다.

"인간은 사회적인 존재이다"라고 말한 존 로크의 말이 아니더라도 사람은 혼자 살 수 없고 다른 사람과 더불어 살아가는 존재입니다. 그 중에서 진정한 친구의 역할은 참으로 소중합니다. "나를 낳아준 분은 부모이지만, 나를 이해해 준 사람은 친구 포숙이다"라고 말한 관중의 말을 통해서 알 수 있듯이, 어떤 사람을 가장 잘 이해하고 감싸주는 사람이 친구입니다.

요나단은 아버지인 사울왕 곁에 있다가 골리앗과 싸우겠다고 찾아온 다윗을 만났습니다. 그리고 목동 차림으로 싸우러 나갔다가 골리앗을 죽이고 그 목을 베어 그 머리를 들고 사울왕에게 나온 다윗을 보았습니다. 요나단은 다윗의 믿음의 말과 태도를 지켜보면서 그가 너무 마음에 들었습니다. 자기가 손위의 사람이었고, 왕자와 목동의 신분의 차이가 있었지만 다윗을 친구로 삼았습니다. 다윗과 요나단은 서로 마음에 숨기는 것 없이 이해하며 아끼며 도와주며 감싸주며 자신의 생명처럼 사랑하는 친구가 되었습니다.

예수님은 우리의 참된 친구가 되십니다. 예수님은 죄인 된 우리의 친구가 되어주셨습니다. 예수님은 이미 내 마음 가장 깊숙이 들어와 계시는 '아킵'입니다. 내 마음 속 깊은 곳까지 속속들이 다 알고 계시면서도 나와 함께 하시는 참된 친구이십니다. 나의 약함, 못남, 추함, 악함, 죄됨을 모두 아시면서도 나를 이해하시고 감싸주시고 용기를 북돋아주십니다. 그리고 이렇게 보잘 것 없는 친구를 위해서 생명을 버리셨습니다. 그 예수님을 참된 친구로 삼은 그리스도인은 참으로 행복한 사람입니다.

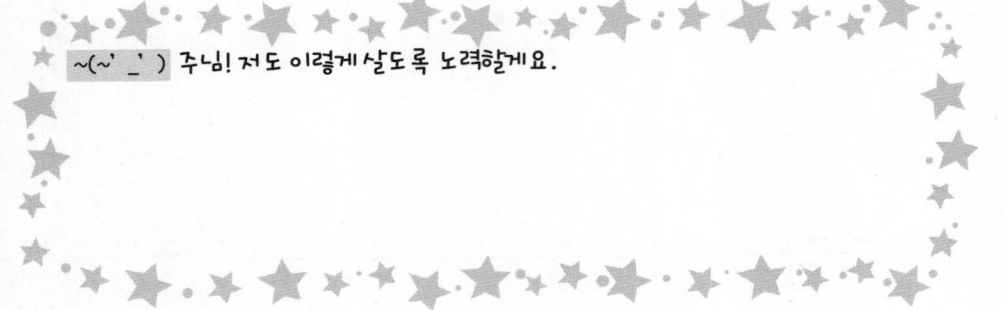

~(~'_') 주님! 저도 이렇게 살도록 노력할게요.

요한복음 15 : 13~15 / 예수님이 위하여 목숨을 버린 귀한 친구는 누구?

사람이 친구를 위하여 자기 ▢▢을 버리면 이보다 더 큰 사랑이 없나니, 너희는 내가 명하는 대로 행하면 곧 나의 친구라. 이제부터는 너희를 ▢이라 하지 아니하리니 종은 주인이 하는 것을 알지 못함이라. 너희를 ▢▢라 하였노니 내가 내 아버지께 들은 것을 다 너희에게 알게 하였음이라.

요한복음 3 : 29 / 신랑 친구의 기쁨

신부를 취하는 자는 신랑이나 서서 신랑의 음성을 듣는 ▢▢가 크게 기뻐하나니 나는 이러한 기쁨으로 충만하였노라. 그는 흥하여야 하겠고 나는 쇠하여야 하리라 하니라.

전도서 4 : 9~10 / 넘어질 때 붙들어 일으켜 줄 친구

두 사람이 한 사람보다 나음은 그들이 수고함으로 좋은 상을 얻을 것임이라. 혹시 그들이 넘어지면 하나가 그 ▢▢를 붙들어 일으키려니와 홀로 있어 넘어지고 붙들어 일으킬 자가 없는 자에게는 화가 있으리라.

6(^_^) 자신을 위한 기도

우리의 진정한 친구가 되어주시는 주님!

세상에는 마음을 나눌 친구가 없어 외로워하는 사람들이 참 많습니다. 저에게도 다윗과 요나단 같은 친구를 허락해주세요. 저 또한 누군가에게 그런 진정한 친구가 될 수 있게 도와주세요.

참 감사한 것은 주님께서 저의 진정한 친구가 되어주신다는 사실입니다. 저의 모든 것을 이해해주시고 어떤 경우에라도 제 편이 되어 주실 것을 믿습니다. 제가 평생 주님을 친구삼고, 기쁨으로 주님과 교제하며 살게 도와주세요.

예수님 이름으로 기도합니다. – 아멘.

∧∧ 성경말씀 사무엘하 13 : 14∼15

암논이 그 말을 듣지 아니하고 다말보다 힘이 세므로 억지로 그와 동침하니라. 그리하고 암논이 그를 심히 미워하니 이제 미워하는 미움이 전에 사랑하던 사랑보다 더한지라 암논이 그에게 이르되 일어나 가라 하니

:ㅡ 사람의 냄새 스토커의 사랑이란

오카다나나는 가수와 배우로 활동하며 1970년대 일본을 주름잡던 인기절정의 아이돌이었습니다. 시원하면서도 청순한 서구적인 아름다운 얼굴, 큰 키와 예쁜 몸매, 가창력과 연기력으로 10대에 일본 톱스타에 올랐습니다. 그러나 새로운 라이벌 스타가 생겨 스트레스를 받으며 힘들어하기도 했습니다. 그럴 때 곰돌이 인형을 쓰고 나와서 나나를 응원하는 메시지를 비디오테이프에 담아 보내주면서 응원하는 팬이 있었습니다. 나나는 새로운 힘을 얻고 열심히 활동해서 인기를 유지할 수 있었습니다.

나나가 18세 되던 날 많은 팬들이 선물을 보내왔습니다. 나나는 친구들과 선물들을 풀어보았습니다. 그 중에는 비디오테이프도 하나 있었는데, 테이프를 재생하자 한 남자가 방 한 가운데서 춤을 추며 나나에게 사랑을 고백하는 노래를 하고 있었습니다. 친구들은 웃으며 나나를 보았는데, 나나는 공포에 질려 울고 있었습니다. 그 방이 바로 나나 자신의 방이었기 때문입니다. 그 비디오테이프에는 그 남자가 나나의 침대에 눕거나 옷장을 열고 그녀의 물건들을 만지는 장면들도 있었습니다. 그는 더 이상 팬이 아니라 스토커가 되어 있었던 것입니다.

어느 날 밤, 나나가 혼자 살던 맨션에 괴한이 침입했습니다. 괴한은 나나를 묶고 아침까지 감금하고 있다가 갔습니다. 그 범인은 나나에게 응원 메시지를 보내주던 그 스토커였습니다. 나나와 소속사는 그날 밤 단지 감금과 강도만 당하고 아무 일도 없었다고 했지만, 범인 스스로는 자신이 나나에게 몹쓸 짓을 했다고 말했습니다.

그는 자신의 아이돌에 대한 사랑이 지나쳐서 스토커가 되어 있었던 것입니다.

이 사건으로 나나의 청순한 이미지는 바닥에 떨어졌고, 더 이상 아이돌로 활동할 수 없게 되었습니다. 그녀는 50이 넘어서까지 결혼을 하지 않고 독신으로 지내고 있고, 가끔씩 비중 없는 조연을 맡는 잊혀진 연기자로 살아가고 있습니다.

이기적이고 자기중심적인 사랑이 스스로도 통제 불가능 하게 커지면 스토커가 됩니다. 스토커들은 '사랑'이라고 우기지만 그것은 사탄적 방식의 절대사랑입니다. 자기 자신을 망치는데서 끝나지 않고 사랑의 대상까지 비극에 빠트리는 악마의 사랑입니다.

하나님의 사랑은 그렇지 않습니다. 우리에 대한 하나님의 절대사랑은 자신을 위한 사랑이 아니라 우리를 위한 사랑입니다.

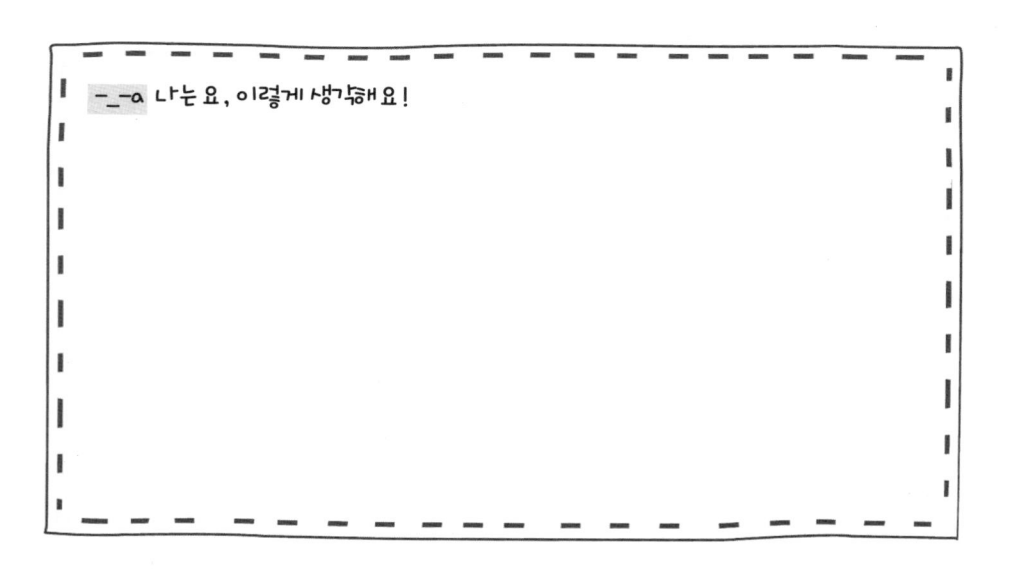

-_-a 나는요, 이렇게 생각해요!

암논은 다윗왕의 맏아들, 왕자입니다. 별 하자가 없다면 아버지로부터 왕위를 물려받을 위치에 있던 존귀한 인물입니다. 이런 암논을 비극적으로 죽게 만든 것은 악마적이고 스토커적인 사랑 때문이었습니다.

암논에게는 다말이라는 이복 누이동생이 있었습니다. 암논은 어여쁜 이복 여동생 다말을 짝사랑했습니다. 상사병을 앓던 암논은 다말을 정복(?)하기 위한 계략을 꾸몄습니다. 그는 중한 병에 걸린 척 연기를 하며 누워있었습니다. 왕자가 병에 걸렸다는 소식을 들은 다윗왕이 찾아와서 위로해주었습니다. 암논은 아버지에게 다말을 자기의 집으로 보내주어 음식을 만들어 주면서 병수발을 들게 해달라고 부탁했습니다. 다윗왕은 아들을 위해서 다말을 보내주었습니다. 암논은 자기 집에 와서 자기를 위해서 과자를 구워 들고 온 다말에게 '사랑'을 나누자고 말했습니다. 그러나 다말은 자기를 그렇게 사랑하면 아버지에게 말씀을 드리고 허락을 받으면 자기도 결혼하겠다고 했습니다. 그러나 이성을 잃은 암논은 힘으로 다말의 몸을 유린했습니다.

그런데 암논은 이상하게도, 사랑하는 다말의 몸을 정복한 후에는 다말이 전혀 사랑스러워 보이지 않았습니다. 도리어 이전에 몹시 사랑했던 그 사랑보다 더 크게 미워하게 되었습니다. 그래서 욕을 보인 다말을 집밖으로 끌어 내쳐버리고 말았습니다. 이것이 스토커 사랑의 전형적인 특징입니다. 암논의 사랑은 스토커의 그것 외에는 아무것도 아니었던 것입니다. 그리고 암논의 그 사건은 많은 사람들을 비극으로 몰아넣게 됩니다.

다말의 친오빠는 다윗의 셋째 아들인 압살롬이었습니다. 이복형 암논에게 원한을 갖게 된 압살롬은 치밀하게 누이동생의 복수를 계획하고 기회를 노려 암논을 살해했습니다. 이 사건으로 압살롬과 아버지 다윗왕의 관계가 파괴되어 기나긴 갈등과 반역, 그리고 압살롬의 죽음으로 이어지게 됩니다. 다말은 결혼하지 못한 채 아픔을 안고 비극적인 삶을 살아가게 되었습니다.

스토커적인 사랑은 절대로 사랑이 아닙니다. 그것은 악마가 주는 것임을 깨닫고 빨리 그 감정에서 벗어나야 합니다. 하나님의 사랑은 사랑의 대상을 소유하는 방식이 아니라 도리어 자기 자신을 내어주는 방식의 사랑입니다. 사랑의 대상을 정복하려고 하지 않고 도리어 지켜주기 위해서 자기를 희생하는 사랑입니다. 우리 주님의 사랑이 바로 그런 사랑입니다. 주님께서는 당신의 사랑을 받아들이는 사람에게는 다가와주시고, 거부하는 사람에게는 바라보시며 기다려주는 사랑하는 대상 중심의 절대사랑입니다.

~(~'_') 주님! 저도 이렇게 살도록 노력할게요.

고린도전서 13 : 4~7 / 참 사랑은 나가 아닌 너에 초점을 둔 사랑

사랑은 오래 참고 사랑은 ☐☐하며 시기하지 아니하며 사랑은 자랑하지 아니하며 교만하지 아니하며, ☐☐☐ 행하지 아니하며 자기의 유익을 구하지 아니하며 성내지 아니하며 ☐☐☐☐을 생각하지 아니하며, 불의를 기뻐하지 아니하며 진리와 함께 기뻐하고, 모든 것을 참으며 모든 것을 믿으며 모든 것을 바라며 모든 것을 견디느니라.

아가서 8 : 6~7 / 죽음 같이 강한 사랑, 지옥 같이 잔인한 질투

너는 나를 도장 같이 마음에 품고 도장 같이 팔에 두라. ☐☐은 ☐☐ 같이 강하고, ☐☐는 ☐☐ 같이 잔인하며 불길 같이 일어나니 그 기세가 여호와의 불과 같으니라. 많은 물도 이 사랑을 끄지 못하겠고 홍수라도 삼키지 못하나니, 사람이 그의 온 가산을 다 주고 사랑과 바꾸려 할지라도 오히려 멸시를 받으리라.

로마서 8 : 35, 28, 39 / 누구도 끊을 수 없는 나와 그리스도의 사랑

누가 우리를 그리스도의 ☐☐에서 끊으리요? 환난이나 곤고나 박해나 기근이나 적신이나 위험이나 칼이랴?…… 내가 확신하노니 사망이나 생명이나 천사들이나 권세자들이나 현재 일이나 장래 일이나 능력이나, 높음이나 깊음이나 다른 어떤 피조물이라도 우리를 우리 주 그리스도 예수 안에 있는 하나님의 ☐☐에서 끊을 수 없으리라.

6(^_^) 자신을 위한 기도

사람을 아시고 사랑도 아시는 하나님!

사람이 사람을 사랑하는 방식이 여러 가지가 있습니다. 하나님께서 사람을 사랑하시듯 헌신적인 사랑을 하는 사람이 있습니다. 반면에 사탄이 악을 사랑하듯이 파괴적으로 사람을 사랑하는 사람도 있습니다. 사람을 살리는 사랑을 하는 사람도 있고, 사람을 죽이는 사랑을 하는 사람도 있습니다. 사랑하는 사람을 행복하게 해주는 사랑도 있고, 사랑하는 사람을 통해서 이기적이고 파괴적인 행복을 맛보려고 하는 사랑도 있습니다.

사랑의 하나님! 저는 절대로 악하고, 파괴적이고, 불행과 비극을 초래하는 사랑을 하지 않게 도와주세요. 그런 악한 사랑의 대상이 되지도 않게 지켜주세요. 오직 선하고, 아름답고, 행복을 주고받는 사랑만 나누는 사람이 되게 도와주세요. 특히 목숨을 바쳐 저를 사랑해주신 주님의 사랑을 배신하지 않고, 같은 사랑으로 주님을 사랑하는 사람으로 살게 도와주세요. 예수님 이름으로 기도합니다. – 아멘.

호세아의 절대사랑

∧ 성경말씀 호세아 2 : 2∼4

너희 어머니와 논쟁하고 논쟁하라. 그는 내 아내가 아니요 나는 그의 남편이 아니라.…
내가 그의 자녀를 긍휼히 여기지 아니하리니 이는 그들이 음란한 자식들임이니라.

:-| 사람의 냄새 낙동강 오리알이 된 여자

한 여자가 결혼 3년 만에 아들을 낳았습니다. 그런데 여자는 그 아들이 남편의
아들이 아니라는 생각을 확신처럼 가지고 있었습니다. 여자는 남편과 함께 살지
만 남편을 사랑하지 않고 있었습니다. 여자는 다른 남자를 사랑하고 있었습니다.
여자는 자기가 낳은 아이의 진짜 아빠는 남편이 아니라 애인이라고 믿고 있었습니
다. 그런데 미혼이었던 그 남자가 다른 여자를 좋아하게 되었고, 그 여자와 결혼
을 하겠다고 말했습니다. 여자는 남자에게, "당신이 내가 낳은 아기의 진짜 아빠"
라고 주장하면서, "이제 우리가 우리 아이를 키우며 셋이 함께 살자"고 매달렸습니
다. 그리고 남편에게도 자기가 낳은 아기의 아빠는 따로 있다고 말하면서 이혼
을 요구했습니다.

여자는 남자가 발뺌하지 못하도록 하기 위해서 아들의 유전자 검사를 의뢰했습
니다. 그리고 남편에게도 "우리 아들은 당신 애가 아니라 내가 오랫동안 사랑해온
다른 남자의 아이"라고 밝히며 이혼해 줄 것을 요구했습니다.

그런데 기막힌 일이 생겼습니다. 아이는 애인의 아이가 아니라 남편의 아이로 판
별된 것입니다. 이미 여자로부터 마음이 떠난 남자는 안도의 한숨을 쉬며 여자에게
서 떠나버렸습니다. 게다가 남편도 자신을 속이며 수년 동안 부정을 저질러 온 아
내를 용서하지 않고 이혼해버리고 말았습니다. 여자는 아이도, 남편도, 애인도 모
두 잃어버리고 처량한 신세가 되었습니다.

이 이야기는 우리나라에서 실제로 있었던 신문기사 이야기입니다. 우리나라 뿐

만 아니라 세계적으로 친자 확인을 위한 유전자 검사 의뢰가 급격하게 늘어나고 있다고 합니다. 그리고 우리나라나 다른 나라나 대체적으로 의뢰건수의 30% 정도가 부부의 친자가 아닌 것으로 판명된다고 합니다. 친자인지 아닌지를 확인하기 위해서 검사를 의뢰하기까지 얼마나 많은 불신과 의심, 갈등과 미움이 있었을까요? 친자로 확인 되든. 아닌 것으로 확인되든 또 얼마나 많은 다툼과 상처가 있게 될까요? 참 안타까운 현실입니다.

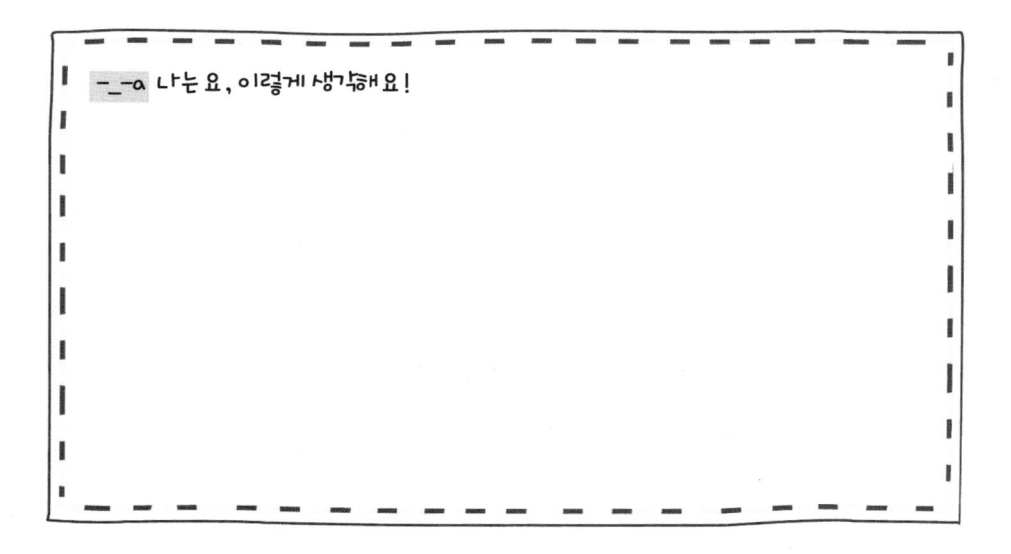

나는요, 이렇게 생각해요!

세상에서 가장 불행한 결혼을 한 사람은 다름 아닌 호세아 선지자였습니다. 어느 날 하나님께서는 호세아 선지자에게 신부감을 정해주시면서 그녀와 결혼하라고 명령하셨습니다. 하나님께서 정해준 그 여자의 이름은 고멜인데, 품행이 좋지 않기로 소문난 여자였습니다.

호세아는 그녀를 아내로 맞아 결혼을 하고 가정을 꾸렸습니다. 하나님의 말씀에 죽으라면 죽어야 하는 선지자였기에 순종한 어쩔 수 없는 결혼이었습니다. 그의 결혼생활은 고통의 연속이었습니다. 호세아는 너무나 처참한 자신의 가정을 보면서 비참하고 고통스러운 생활을 했습니다.

호세아 선지자의 아내인 고멜은 결혼 전의 습성을 고치지 못했습니다. 고치려는 생각조차도 하지 않았습니다. 결혼 전에 자유분방하고 타락한 인생을 살던 고멜은 결혼을 하고도 여전히 다른 남자들을 찾았습니다. 그녀는 두 아들과 딸 하나를 낳았는데, 세 자녀 모두 남편의 아이가 아니었습니다. 유전자 감식이 없던 시대였지만 그것이 확실한 것은 그녀의 남편인 호세아가 가장 잘 알고 있었습니다. 아마도 호세아의 아내는 재미(?)도 없고 사랑하지도 않는 남편과는 단 한 번도 잠자리를 하지 않았었는지도 모릅니다. 고멜은 그것도 모자라서 다른 남자를 따라서 가출해버렸습니다.

여기에서도 호세아 선지자의 아픔이 끝나지는 않았겠지만, 고멜과의 관계를 여기서 끝낼 수 있다면 그의 인생의 비극도 끝낼 수 있었을지도 모릅니다. 하지만 하나님께서는 쉽지 않은 인생길로 호세아 선지자를 몰아갔습니다.

그렇게 집을 나간 고멜은 남자들에게 버림을 받았고 이제는 누군가에게 매여서 몸을 파는 여자가 되어 있었습니다. 하나님께서는 그런 고멜을 위해서 적지 않은 돈을 지불하고 데려와서 다시 아내로 삼으라고 명령하셨습니다. 그것도 이전의 모든 일을 용서하고 사랑하며 살라고 하셨습니다. 참으로 난감한 일입니다. 그런 여자를 용납하고 진심으로 사랑하며 살 수 있다고 장담할 사람이 있을까요? 그래도 호세아 선지자는 하나님의 말씀에 순종했습니다.

고멜과의 결혼을 통해서 아픔과 슬픔을 경험한 호세아는 하나님의 아픔과 절대사랑을 깨달았습니다. 하나님의 심정으로 이스라엘에게 하나님의 사랑을 회복하라고 외쳤습니다.

이제 우리는, 어쩌면 고멜과 같은 나를 향한 하나님의 절대사랑을 인정하고, 하나님의 좋은 아내가 되어야 하는 것 아닐까요?

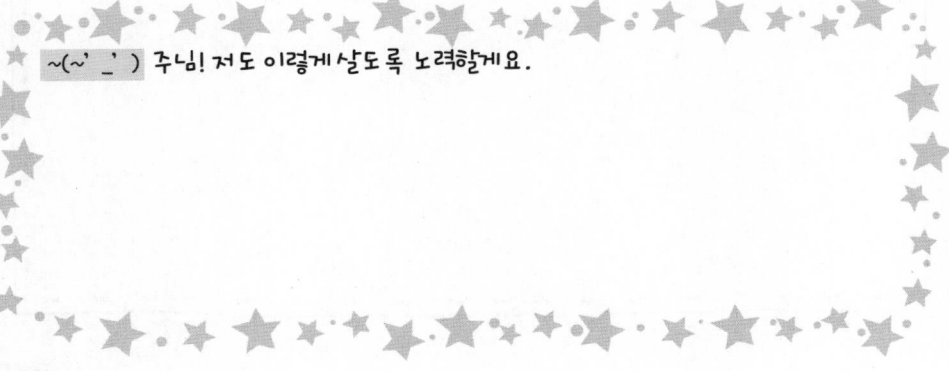

~(~'_') 주님! 저도 이렇게 살도록 노력할게요.

:-) 마음에 새기는 말씀

호세아 2 : 16~20 / 하나님과 나 = 절대사랑의 남편과 아내

여호와께서 이르시되 그 날에 네가 나를 내 ▢▢이라 일컫고 다시는 내 바알이라 일컫지 아니하리라. …… 내가 네게 ▢▢▢▢▢ 영원히 살되 공의와 정의와 은총과 긍휼히 여김으로 네게 장가들며, 진실함으로 네게 장가들리니 네가 여호와를 알리라 .

호세아 6 : 1~2 / 상처를 싸매주시는 하나님의 사랑

오라! 우리가 여호와께로 돌아가자. 여호와께서 우리를 찢으셨으나 도로 ▢▢하실 것이요 우리를 치셨으나 ▢▢▢ 주실 것임이라. 여호와께서 이틀 후에 우리를 살리시며 셋째 날에 우리를 일으키시리니 우리가 그의 앞에서 살리라.

호세아 14 : 4~7 / 반역을 고치고 기쁨으로 사랑하는 하나님의 절대사랑

내가 그들의 ▢▢을 고치고 기쁘게 그들을 ▢▢하리니 나의 ▢▢가 그에게서 떠났음이니라. 내가 이스라엘에게 이슬과 같으리니 그가 백합화 같이 피겠고 레바논 백향목 같이 뿌리가 박힐 것이라. 그의 가지는 퍼지며 그의 아름다움은 감람나무와 같고 그의 향기는 레바논 백향목 같으리니, 그 그늘 아래에 거주하는 자가 돌아올지라 그들은 곡식 같이 풍성할 것이며 포도나무 같이 꽃이 필 것이며 그 향기는 레바논의 포도주 같이 되리라.

6(^_^) 자신을 위한 기도

하나님 아버지!

저를 하나님의 사람으로 선택해주신 것을 감사드립니다. 제가 남들보다 더 잘난 것도 아니고, 하나님께서 탐낼만한 조건이 있는 것도 아닌데, 특별히 저를 사랑해주시고 불쌍히 여겨주셔서 저를 하나님의 사람으로 삼아주셨습니다. 하나님께서는 호세아의 아내 같은 나를 하나님의 아내처럼 사랑해주시면서 기쁨과 행복으로 살게 해주신다고 약속해주셨습니다. 저도 하나님을 남편처럼 사랑하면서, 하나님을 더욱 기쁘게 해드리며 살도록 힘쓰겠습니다.

예수님 이름으로 기도합니다. – 아멘.

스바냐가 깨달은 절대사랑

성경말씀 스바냐 3 : 17

너의 하나님 여호와가 너의 가운데에 계시니 그는 구원을 베푸실 전능자이시라. 그가 너로 말미암아 기쁨을 이기지 못하시며, 너를 잠잠히 사랑하시며, 너로 말미암아 즐거이 부르며, 기뻐하시리라 하리라.

:-| 사람의 냄새 자식에게 얻는 아버지의 기쁨

다른 사람들 앞에 나서는 것을 매우 싫어하는 사람이 있습니다. 그런 사람이 수백 명의 낯선 사람들이 지켜보는 무대에 나가서 푼수를 떨었습니다. 자기 아들을 위해서였습니다.

부부가 초등학교 2학년 아들을 데리고 추석 때 한가위 행사를 하는 남산골 한옥마을에 갔습니다. 넓은 마당에는 무대가 설치되어 있었습니다. 그리고 개그맨 사회자는 여러 사람을 무대에 나오게 하여 여러 가지 시합을 붙인 후에 작은 상품을 주는 행사를 진행하고 있었습니다.

그 때 아들은 그 상품을 몹시 갖고 싶어 했습니다. 마침 제기차기 시합이 종목으로 나왔는데, 아빠는 제기차기에는 자신이 있었습니다. 그러나 시합에 앞서 뭔가 웃기는 행동을 해야 하는 과정이 싫어서 망설이고 있었습니다. 그런데 아들이 너무나 그 상품을 갖고 싶어 합니다. 아빠는 아들을 위해서 무대로 올라갔습니다. 사람들이 너무 많이 나오자 사회자는 소리 지르기로 제기를 찰 사람을 선별한다고 합니다. 아빠는 끝까지 남아서 제기를 찰 수 있기 위해서 옆의 사람보다 더 크게 소리 지르기를 반복합니다. 체면을 중시하는 아빠였지만 그렇게 많은 사람들 앞에서 푼수를 떤 후에 제기차기를 했고, 결국 상품을 받았습니다. 작은 기념품에 좋아라 하는 아들을 보는 것은 아빠에게 큰 기쁨이 되었습니다. 아들에 대한 아빠의 사랑이 내게 한 용기였습니다.

아빠에게는 아이와 연관된 모든 것이 기쁨입니다. 아이가 먹는 것도 기쁨이고,

변을 보는 것도 기쁨이고, 자는 것도 기쁨이고, 노는 것도 기쁨입니다. 무엇이든지 배우고 성장하고 발전하는 것들에서 기쁨을 얻습니다.

아빠들은 아이들을 위해서 뭔가를 해 줄 수 있는 것에서도 기쁨을 얻습니다. 과자나 학용품 뿐 만 아니라, 때로는 옷이나 신발을 사줄 때도, 피아노처럼 부담되는 것을 사주면서도 즐거워합니다. 자녀가 성장하면 결혼을 시키고 살림을 내줄 때는 많은 빚을 떠안으면서도 기꺼워하는 것이 아빠의 마음입니다.

자녀가 있는 것만으로도, 자녀가 잘 살아가는 모습만으로도 기뻐하는 아빠의 절대사랑입니다. 하나님께서도 아빠의 절대사랑으로 자녀인 당신을 사랑하시고 기뻐하십니다.

_-a 나는요, 이렇게 생각해요!

:-o 예수의 향기 하나님 '아버지'의 절대사랑

수학문제나 물리 · 화학문제를 풀 때 공식을 아는 것은 매우 중요합니다. 어떤 문제에 어떤 공식을 대입하면 되는지만 알아내면 문제를 풀 수 있습니다. 공식만 알아내면 숫자가 아무리 달라도 상관없습니다. 그리고 다른 사람의 마음을 잘 모를 때 '역지사지(易地思之)'를 공식처럼 대입하여 생각해 보는 것은 매우 유용합니다.

나는 하박국 선지지가 말하고 있는 '나로 말미암아 기쁨을 이기지 못하시는' 하나님에 대해서 이해하기 위해서, 아버지인 '나'가 '아들'로 말미암아 느끼게 되는 기쁨에 대해서 '역지사지의 공식'에 대입해 보았습니다. 그랬더니 나를 기뻐하시는 하나님의 기쁨의 색깔과 크기를 실감나게 알 수 있었습니다. 하나님께서 절대사랑으로 나를 사랑하시는 그 사랑을 피부로 느낄 수 있었습니다.

스바냐 선지자가 보았던 하나님의 기쁨, 나로 말미암아 기뻐하시는 하나님의 모습, 부족한 내 모습 그대로 하나님의 절대사랑과 절대기쁨의 존재가 되어 있는 '나' 자신에 대해서 깊이 묵상해 봅시다.

"너의 하나님 여호와가 너의 가운데에 계시니 그는 구원을 베푸실 전능자이시라. 그가 너로 말미암아 기쁨을 이기지 못하시며, 너를 잠잠히 사랑하시며, 너로 말미암아 즐거이 부르며, 기뻐하시리라 하리라."

스바냐 선지자는 하나님께서 우리를 그렇게 사랑하시고, 우리로 그렇게 차고 넘치는 기쁨을 느끼시는 하나님을 알았습니다. "그가 너로 말미암아 기쁨을 이기지 못하시며, 너를 잠잠히 사랑하시며, 너로 말미암아 즐거이 부르며, 기뻐하시리라."는 말씀은, 하나님께서 당신을 그렇게 사랑하시며 기뻐하신다는 것을 말해주고 있습니다.

하나님은 자녀로 절대기쁨을 얻는 부모의 절대사랑으로 당신을 사랑하시고, 당신을 기뻐하신다는 사실을 잊지 마세요.

~(~'_') 주님! 저도 이렇게 살도록 노력할게요.

이사야 62 : 5 / 나를 기뻐하시는 하나님

마치 청년이 처녀와 결혼함 같이 네 아들들이 너를 취하겠고, ▨▨이 ▨▨를 기뻐함 같이 네 하나님이 너를 기뻐하시리라

열왕기상 10 : 9 / 하나님께서 솔로몬을 왕위에 올리신 이유

당신의 하나님 여호와를 송축할지로다. 여호와께서 당신을 ▨▨하사 이스라엘 ▨▨에 올리셨고 여호와께서 영원히 이스라엘을 사랑하시므로 당신을 세워 왕으로 삼아 정의와 공의를 행하게 하셨도다 하고

신명기 30 : 9, 10 / 기뻐하시는 사람에게 복을 주시는 하나님

네가 네 하나님 여호와의 말씀을 청종하여 이 율법책에 기록된 그의 명령과 규례를 지키고 네 마음을 다하며 뜻을 다하여 여호와 네 하나님께 돌아오면, 네 하나님 여호와께서 네 손으로 하는 모든 일과 네 몸의 소생과 네 가축의 새끼와 네 토지 소산을 많게 하시고 네게 ▨을 주시되 곧 여호와께서 네 조상들을 ▨▨하신 것과 같이 너를 다시 ▨▨하사 네게 ▨을 주시리라

6(^_^) 자신을 위한 기도

하나님 아버지!

부족한 저를 자녀 삼아 주시고, 이기지 못할 기쁨으로 기뻐하시며 사랑하시는 것에 감사드립니다. 하나님의 사랑은, 사랑하려고 노력해서 사랑하는 인위적인 사랑이 아니라는 것을 깨닫습니다. 자녀가 있는 것 자체로 한없는 기쁨을 얻는 부모와 같이, 내가 있는 것 자체로 주체할 수 없을 정도로 기쁨이 차고 넘치는 하나님 아버지의 절대사랑에 감사 감격합니다.

하나님께서 저를 그렇게 사랑하시는데, 하나님께서 더욱 기뻐하실 수 있도록 더욱 하나님을 사랑하고, 하나님의 마음에 가장 큰 기쁨을 드리는 제가 되도록 노력하겠습니다.

예수님 이름으로 기도합니다. – 아멘.

룻과 보아스의 사랑

ᐱᐱ 성경말씀 룻기 4 : 13~14

이에 보아스가 룻을 맞이하여 아내로 삼고 그에게 들어갔더니 여호와께서 그에게 임신하게 하시므로 그가 아들을 낳은지라, 여인들이 나오미에게 이르되 "찬송할지로다! 여호와께서 오늘 네게 기업 무를 자가 없게 하지 아니하셨도다. 이 아이의 이름이 이스라엘 중에 유명하게 되기를 원하노라."

:ᅴ 사람의 냄새 가정이 무엇인지 아세요?

"지금 당신의 아이와 나의 아이와 우리들의 아이가 싸우고 있어요."

집안에서 아이들이 싸우자 부인이 남편한테 한 말이랍니다. 아이들 데리고 재혼한 부부가 아이를 낳은 가정에서 일어날 수 있는 일입니다. 가족 관계가 매우 복잡해진 현대사회에서 벌어질 수 있는 일입니다.

과거에는 '가정(家庭)'이라는 개념에 대한 이견이 별로 없었습니다. 가정이란 '부모와 자녀들이 함께 모여 사는 공동체'라고 단순하게 생각했습니다. 그런데 현대사회는 가족 구조가 매우 복잡하고, 그래서 가정의 형태도 매우 다양해졌습니다.

1990년대 클린턴 미국 제42대 대통령 때에 백악관은 '가정에 관한 백악관 회의'를 소집하여 '이상적인 가정'을 만들기 위한 정책을 세우려고 했습니다. 그러나 이 시도는 하원에 의해서 저지되었습니다. 그 이유는 하원 의원들이 '가정'이라는 개념에 대하여 의견의 일치를 볼 수 없었기 때문이었습니다. 즉 '이상적인 가정'을 모색하기 위해서는 먼저 "가정이란 무엇인가?" 라는 '가정'에 대한 개념정의가 이루어져야 하는데, 하원은 의원들 모두가 동의할 수 있는 가정이라는 개념을 만들어낼 수 없었던 것입니다.

이렇게 지금은 '가정'에 대한 명확한 정의를 내리는 것은 매우 어려운 일이 되었습니다. 지난 수십 년간 사람들이 가정이라는 용어의 정의를 놓고 논쟁을 해 왔지만 아직도 결론을 내지 못하고 있는 것만 보아도 요즘의 가정이 얼마나 복잡한지를 알 수 있습니다.

다양한 형태의 가정들을 살펴봅시다. 전통적인 의미에서의 가정(혈연관계에 의해서 이루어진 가정), 재혼가정, 엄마와 자녀로만 구성된 모자가정, 아빠와 자녀로만 구성된 부자가정, 별거가정, 동성부부가정(여자 커플, 또는 남자 커플), 입양가정, 계약결혼 가정, 동거가정 등 다양한 형태의 가정들이 있습니다. 게다가 우리나라만 해도 이미 네 가구 중 한 가구는 1인 가정입니다. 이를 독신가정이라고 하는데, 이렇게 되니까 정말로 어디까지를 가정으로 보아야 하는지 판단하기가 어려운 것이 사실입니다.

'결혼' '가정' '가족'은 행복한 인생을 살게 하는 중요한 요인으로 가치 있는 제도로 지켜져야 할 것입니다. 그러나 동시에 다양한 형태의 가정과 가족관계 속에서 인생을 행복하게 하는 사랑이 어느 때보다 요구되는 시대가 되었습니다.

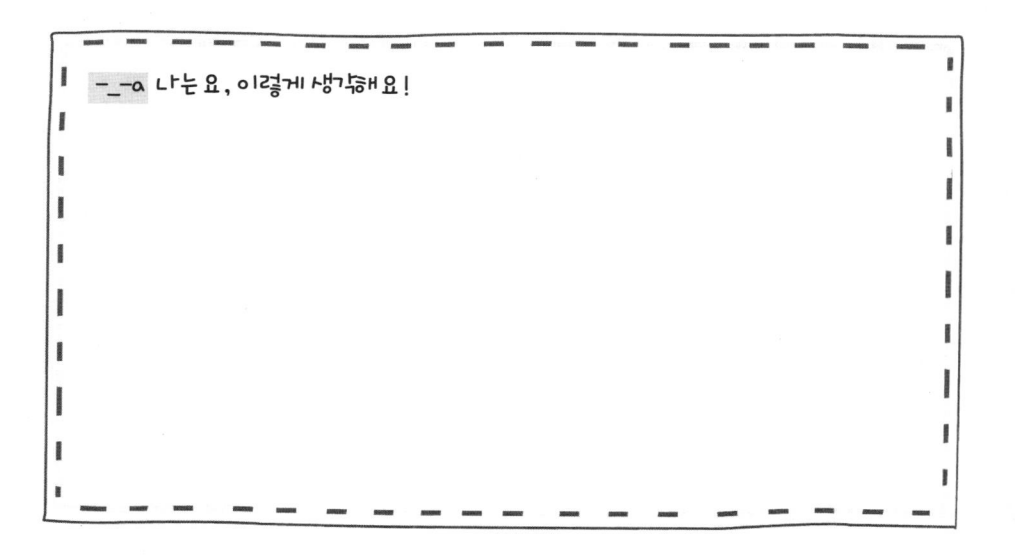

나는요, 이렇게 생각해요!

결혼은 평생 한 번 하는 것이라는 생각은 이미 희미해져 있습니다. 결혼과 이혼에 대한 이러한 추세는 재혼(한 번 이상의 모든 결혼)하는 가정의 비율을 점차 높여가고 있습니다. 이 외에도 사별이나 여러 이유들도 재혼을 하게 된 경우가 많습니다. 그런데 개방적인 다른 나라들과는 달리 우리나라는 아직도 재혼에 대한 부정적인 이미지가 남아 있어서, 재혼을 한 가정의 가족들이 심리적으로 위축되는 경우가 많습니다. 그리고 이것이 행복한 가정과 행복한 인생을 사는데 장애가 되기도 합니다.

재혼에 대한 부정적인 생각을 극복하도록 도와주는 것이 룻과 보아스의 재혼입니다. 룻은 남편의 죽음으로 젊은 과부가 되어 있어서, 보아스는 기업 무를 의무(가장 친한 친척에게 재산을 되찾아줄 의무와 대를 이어줄 의무가 주어지는 구약의 제도)의 차원도 있지만, 룻을 아끼고 사랑하는 마음으로 결혼을 합니다. 미모와 정숙함을 겸비한 젊은 과부 룻과 나이는 들었지만 재력과 인품을 겸비한 두 사람의 결혼은 성읍의 모든 사람들 앞에서 공개적으로 이루어졌습니다. 성읍의 모든 사람들의 축복을 받으며 과거의 남편의 어머니인 나오미의 축복을 받으며 결혼했습니다. 룻—보아스 부부가 낳은 아들은 오벳이었고, 오벳은 이새를 낳았고, 이새는 다윗을 낳았습니다. 룻—보아스는 다윗의 고조부모가 되었고, 예수 그리스도의 조상이 되었습니다. 그들은 세상에서 가장 축복받은, 아름답고 행복한 재혼가정의 모형을 제시해 주고 있습니다.

어떤 형태의 가정이든지 가족들 모두를 행복하게 해줄 수 있는 절대사랑이 있다면 그것으로 족합니다. 형태만 정상적인 가족관계를 가지고 있으면서 사랑은 없고 미움과 갈등으로 상처를 주고받으며 모두가 불행한 가정이라면 어떨까요? 가족 관계가 어떠하든지 가족들 모두가 아끼고 사랑하며 모두가 행복한 절대사랑의 가정이 하나님이 원하시는 가정에 더 가깝지 않을까요? 하나님께서는 아무런 편견 없이 룻이나 라합과 같은 여인이 이룬 가정을 통해서 복된 그리스도의 족보를 이루어주셨습니다. 하나님께서는 가족관계가 복잡하다는 것을 문제 삼지 않으셨습니다. 다만 하나님께 복 받는 가정을 이루고자 하는 절대소망을 받아주셨고, 복된 가정이 되게 해주셨던 것을 기억하십시오.

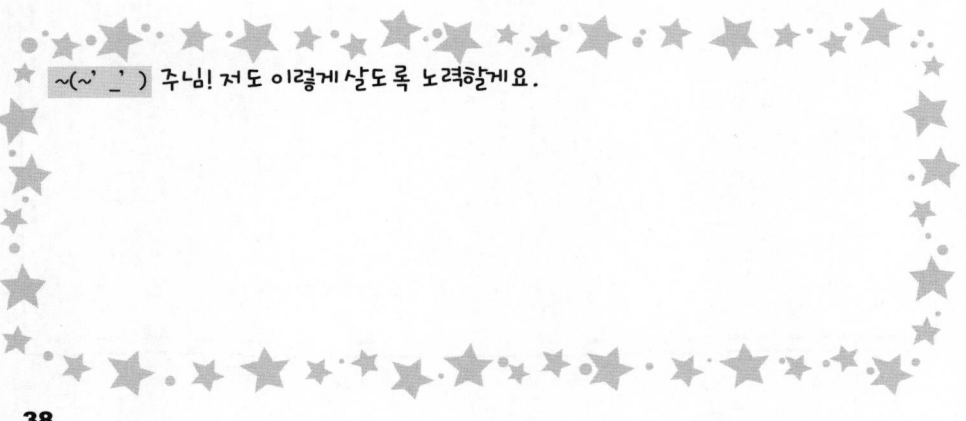

~(~'_') 주님! 저도 이렇게 살도록 노력할게요.

창세기 49 : 22~26 축복하는 가정

요셉은 무성한 가지 곧 ▢▢ 곁의 무성한 ▢▢▢ 라. 그 가지가 담을 넘었도다. 활 쏘는 자가 그를 학대하며 적개심을 가지고 그를 쏘았으나, 요셉의 활은 도리어 굳세며 그의 팔은 힘이 있으니 이는 야곱의 전능자 이스라엘의 반석인 목자의 손을 힘입음이라. 네 아버지의 하나님께로 말미암나니 그가 너를 도우실 것이요 전능자로 말미암나니 그가 네게 복을 주실 것이라 위로 하늘의 복과 아래로 깊은 샘의 복과 젖먹이는 복과 태의 복이리로다. 네 아버지의 축복이 내 선조의 축복보다 나아서 영원한 산이 한없음같이 이 ▢▢▢ 이 ▢▢ 의 머리로 돌아오며 그 형제 중 뛰어난 자의 정수리로 돌아오리로다.

창세기 9 : 24~27 저주하는 가정

노아가 술이 깨어 그의 작은아들이 자기에게 행한 일을 알고, 이에 이르되 가나안은 ▢▢를 받아 그의 형제의 종들의 ▢▢ 이 되기를 원하노라 하고, 또 이르되 셈의 하나님 여호와를 찬송하리로다 가나안은 셈의 종이 되고, 하나님이 야벳을 창대하게 하사 셈의 장막에 거하게 하시고 가나안은 그의 종이 되게 하시기를 원하노라 하였더라.

6(^_^) 자신을 위한 기도

한 남자와 한 여자를 창조하시고 가정을 이루어주신 하나님!

하나님께서는 결혼과 가정을 통해서 사랑을 나누며 행복하게 살기를 원하시는데 그렇지 못한 사람들이 많습니다. 사람들은 사랑과 행복을 위해서 결혼을 하는데, 결혼과 가정을 통해서 행복을 얻지 못하는 사람들이 점점 늘어만 갑니다. 세상 사람들이 결혼, 가정을 통해서 더 행복해질 수 있게 도와주세요. 어떤 과정을 거쳐서 지금의 가정이 되고, 가족관계를 맺게 되었다 하더라도, 우리 가족들 모두가 절대사랑으로 사랑하게 도와주세요. 우리 가족 모두가 행복하게 도와주세요.

예수님 이름으로 기도합니다. – 아멘.

베드로가 체험한 절대사랑

❖ 성경말씀 요한복음 21 : 17

세 번째 이르시되 "요한의 아들 시몬아, 네가 나를 사랑하느냐?" 하시니 주께서 세 번째 네가 나를 사랑하느냐 하시므로 베드로가 근심하여 이르되 "주님, 모든 것을 아시오매 내가 주님을 사랑하는 줄을 주님께서 아시나이다." 예수께서 이르시되 "내 양을 먹이라."

☺ 사람의 냄새 어머니의 한 쪽 눈

우리 어머니는 한쪽 눈이 없다. 엄마는 시장 조그만 좌판에서 나물이나 초나 닥치는 대로 파는 장사를 하셨다. 난 그런 어머니가 너무 싫고 창피했다. 초등학교 시절 운동회 때 엄마가 학교로 오셨다. 나는 너무 창피해서 그만 뛰쳐나왔다. 다음 날 학교에 갔을 때 "너네 엄마는 한 쪽 눈 없는 병신이냐?" 하고 놀림을 받았다. 놀림거리였던 엄마가 이 세상에서 없어졌으면 좋겠다고 생각했다. 그래서 엄마에게 말했다. "엄마, 왜 엄마는 한 쪽 눈이 없어? 진짜 창피해 죽겠어!" 엄마는 아무 말도 하지 않으셨다.

그날 밤이었다. 잠에서 깨어 물을 마시러 부엌으로 갔는데, 엄마가 숨을 죽이며 울고 있었다. 아까 한 말 때문에 미안한 마음이 들었지만, 한쪽 눈으로 눈물 흘리며 우는 엄마가 너무나 싫었다. 나는 커서 성공하겠다고 다짐을 했다. 한쪽 눈 없는 엄마도 싫고, 이렇게 가난한 게 너무도 싫었기 때문에….

나는 악착같이 공부했다. 나는 당당히 서울대에 합격하여 엄마 곁을 떠나 서울에 올라와 살았다. 졸업 후 있는 집안의 여자와 결혼을 했다. 내 집도 생겼다. 아이도 생겼다. 이제 나는 가정을 꾸며 행복하게(?) 산다. 여기서는 엄마생각이 나지 않기 때문에 좋았다. 이 행복이 깊어 갈 때 쯤, 우리 엄마가 집으로 찾아왔다. 여전히 한 쪽 눈이 없는 채로. 나는 하늘이 무너지는 듯 했다. 아내는 누구냐고 물었다. 결혼하기 전 아내에게 거짓말을 했었다. 어머니가 돌아가셨다고. 그래서 나는 모르는 사람이라 했다. 엄마는 "죄송합니다. 제가 집을 잘못 찾아왔나 봐요." 이 말을 하곤 묵묵히 눈앞에서 사라졌다.

어느 날, 동창회에 참석하려고 고향에 내려갔다. 동창회가 끝나고 궁금한 마음에 집에 가보았다. 그런데 엄마가 쓰러져 계셨다. 엄마의 손에는 꼬깃꼬깃한 종이가 들려있었다. 그건 나에게 주려던 편지였다.

"사랑하는 내 아들 보아라. 엄마는 이제 살만큼 산 것 같구나. 그리고 이제 다시는 서울에 가지 않을게. 그러니 니가 가끔씩 찾아와 주면 안 되겠니? 엄마는 니가 너무 보고 싶구나.…… 한 쪽 눈이 없어서 정말로 너에게 미안한 마음뿐이다. 어렸을 때 니가 교통사고가 나서 한 쪽 눈을 잃었단다. 나는 너를 그냥 볼 수가 없었어. 그래서 내 눈을 주었단다. 그 눈으로 엄마대신 세상을 하나 더 봐주는 니가 너무 기특했단다. 난 너를 한 번도 미워한 적이 없단다. 니가 나에게 가끔씩 짜증냈던 건 날 사랑해서 그런 거라 엄마는 생각했단다. 아들아 내 아들아 에미가 먼저 갔다고 울면 안 된다. 울면 안 된다. 사랑한다, 내 아들!"

갑자기 어머니가 주신 눈에서 눈물이 흐르고 있었다.… 어머니 죄송합니다. 이제야 모든 사실을 안 이 못난 놈, 어머니 용서해주십시오. 지금껏 한 번도 들려드리지 못한 말, '어머니, 사랑합니다!' (출처 : '우리 어머니는 한쪽 눈이 없다' 제목의 인터넷 동영상 글)

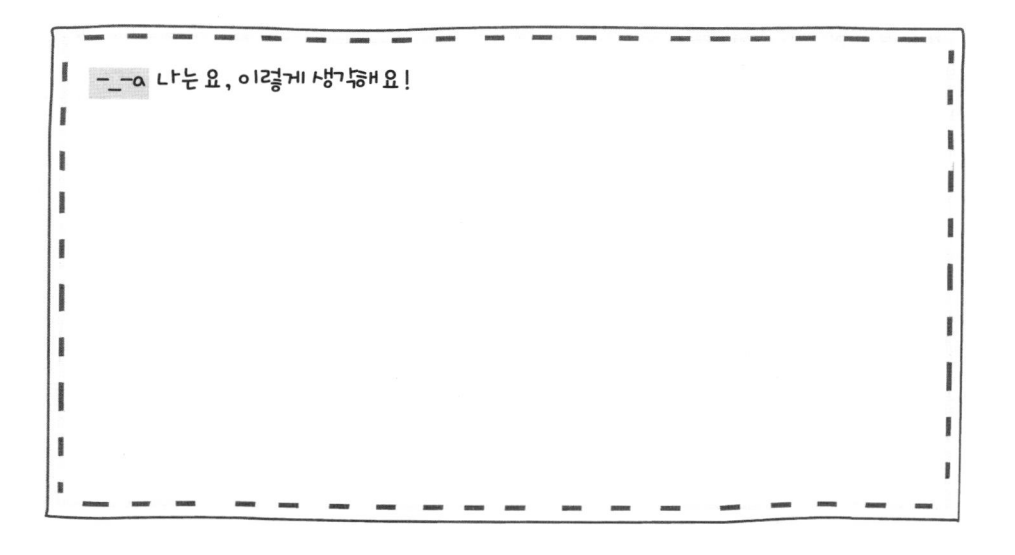

-_-a 나는요, 이렇게 생각해요!

베드로는 자타가 공인하는 예수님의 사람이었습니다. 예수님의 부르심을 받고 제자가 된 후로 3년 동안 동거동락 하면서 살았습니다. 예수님의 수제자가 되었고, 예수님께 가장 인정받는 제자가 되었습니다. 그런 베드로가 예수님이 잡히시던 밤에 예수님을 모른다고 부인하게 됩니다. 세 번째 부인할 때는 예수님을 저주하기까지 했습니다. 예수님은 천국의 열쇠를 베드로에게 주셨는데, 베드로는 예수님을 배신했던 것입니다.

예수님은 부활하셨고, 베드로는 부활하신 예수님을 만나기도 했습니다. 그러나 베드로는 제자로서 예수님 앞에 다시 설 면목이 없었습니다. 자신의 부끄러운 배신의 경험으로 자신에 대해 실망했고, 자조적이게 되었습니다. 그는 고향으로 돌아갔고 고기잡이를 다시 시작했습니다. 이런 베드로에게 예수님께서 찾아 오셨고, 사랑을 확인하십니다.

예수님께서는 베드로에게 "네가 나를 사랑하느냐?"라고 물었습니다. 똑같은 물음을 세 번씩이나 거듭 물으셨습니다. 그것은 베드로의 예수님께 대한 사랑을 의심해서가 아니었습니다. 주님을 사랑한다는 베드로의 대답을 믿지 못해서도 아니었습니다. 책망이나 비웃음의 의미는 더더욱 아니었습니다. 그것은 오히려 베드로 자신에게 그가 예수님을 얼마나 사랑하고 있는지를, 아직도 변함없이 주님을 사랑하고 있는 마음을, 그리고 앞으로도 그 사랑을 저버릴 수 없음을 확인시키기 위함이었습니다.

이것은 베드로를 제자로서 다시 세우기 위한 의식이었습니다. 배신에 대한 용서와 용납, 통곡했던 베드로에 대한 위로, 자괴감에서 벗어나게 하기 위한 격려, 예수님과 사명 앞에 다시 설 수 있게 하는 북돋움의 의미가 담겨져 있습니다.

자신을 다시 받아 주시는 예수님께, '변하지 않은 사랑'을 고백하면서 베드로는 마음속으로 '다시는 배신하지 않겠다'는 굳은 결심을 합니다. 그리고 이 부채의식은 이후의 베드로의 제자로서의 사역에 순교하기까지 모든 충성을 가능하게 했습니다.

예수님의 절대사랑은 모든 종류의 배신까지 용서하시고, 깨어진 관계를 회복시키는 사랑입니다. 당신이 예수님을 배반한 경험이 있을지라도 예수님께서는 당신을 용납하십니다. 주님을 사랑하는 마음만 있다면 다시 주님과 사랑의 관계를 회복할 수 있습니다.

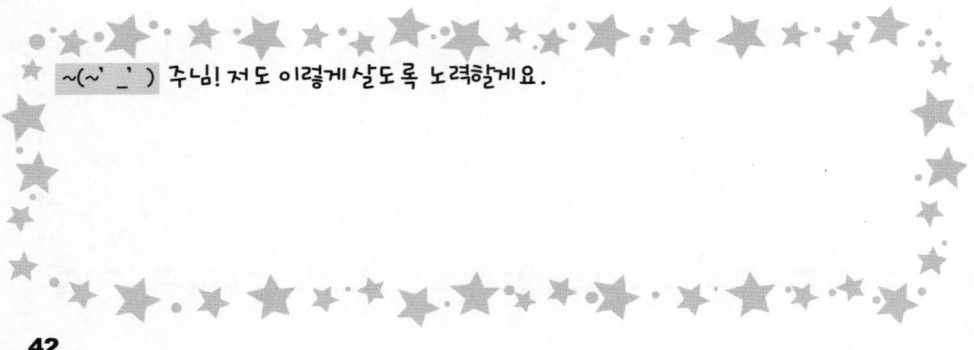

~(~'_') 주님! 저도 이렇게 살도록 노력할게요.

마태복음 18 : 21, 22 / 일흔 번씩 일곱 번이 의미하는 것은?

그 때에 베드로가 나아와 이르되 "주여, 형제가 내게 죄를 범하면 몇 번이나 용서하여 주리이까, 일곱 번까지 하오리이까?" 예수께서 이르시되 "네게 이르노니 □□ 번뿐 아니라 일곱 번을 □□ 번까지라도 할지니라."

누가복음 6 : 37 / 정죄하지 않고 용서하는 것이 사랑

비판치 말라. 그리하면 너희가 비판을 받지 않을 것이요, □□하지 말라. 그리하면 너희가 정죄를 받지 않을 것이요, □□하라. 그리하면 너희가 용서를 받을 것이요,

에베소서 4 : 32 / 하나님이 나를 용서해주신 것 처럼

서로 친절하게 하며 불쌍히 여기며 서로 □□하기를 하나님이 그리스도 안에서 너희를 □□하심과 같이 하라.

6(^_^) 자신을 위한 기도

주님! 사랑합니다.

저도 베드로처럼 주님을 많이 사랑하는 사람이 되고 싶습니다. 세 번을 "네가 나를 사랑하느냐?"고 물으신다고 해도, 두려움도 흔들림도 없이 "주님, 사랑합니다." "제가 주님을 사랑하는 줄 주님이 아십니다."라고 대답할 수 있는 사람이 되기를 원합니다. 절대사랑으로 주님의 사랑에 보답하는 삶을 살게 도와주세요.

예수님 이름으로 기도합니다. – 아멘.

간음한 여인에 대한 절대사랑

🎵 **성경말씀** 요한복음 8 : 7~10

그들이 묻기를 마지아니하는지라 이에 일어나 이르시되 "너희 중에 죄 없는 자가 먼저 돌로 치라." 하시고, 다시 몸을 굽혀 손가락으로 땅에 쓰시니, 그들이 이 말씀을 듣고 양심의 가책을 느껴 어른으로 시작하여 젊은이까지 하나씩 하나씩 나가고 오직 예수와 그 가운데 섰는 여자만 남았더라.

:ㅓ **사람의 냄새** *손가락질의 방향*

SKY. 대한민국 최고 명문대 세 곳을 가리키는 용어입니다. 그 중 K대학, 그것도 상위 1% 이내의 성적을 가져야 들어간다는 의대에서 일어난 사건입니다.

6년째 같이 공부하고 있는 친구 남학생 3명과 여학생 1명이 가평 용추계곡으로 MT를 갔습니다. 네 명은 민박집에서 술을 마셨습니다. 여학생이 술에 취해 의식을 잃자 남학생 세 명이 못된 짓을 했습니다. 그리고 성추행하는 장면을 동영상으로 촬영까지 했습니다.

여학생은 다음날 경찰과 여성가족부 성폭력상담소 등에 피해 사실을 신고했고, 이어 학교 상담센터에도 관련 사실을 알렸습니다. 여학생은 충격으로 정신과 치료를 받았습니다.

K대학은 남학생 세 명에게 재입학이 불가능한 출교 조치의 징계를 내렸습니다. 출교 처리가 되면 학적이 삭제되고 재입학이 불가능합니다.

그 과정에서 피해를 당한 여학생은 또 다른 피해들을 겪었습니다. 일부 네티즌들은 피해 학생 신상 털기를 해서, 그녀의 이름과 얼굴을 공개했습니다. 그리고 한 가해 학생의 어머니는 피해학생을 인격 장애로 모는 내용을 문서로 만들어 퍼트리며, 학우들의 싸인을 받으려고 하기도 했습니다. 그 어머니는 이에 그치지 않고 〈K대 의대생 성추행 사건 진실 찾기〉라는 인터넷 카페도 개설해서 가해자들을 변명하고, 피해자를 비난하는 일까지 했습니다. 1심, 2심을 거쳐서 대법원은 동기 여학생을 성추행한 의대생들에게 징역 2년 6개월, 1년 6개월을 선고했습니다.

이 사건의 진실이 밝혀지기까지 말도 많았습니다. 일각에서는 가해 학생들을 옹호하는 운동이 일어나기도 했습니다. '남녀평등'을 거론하기도 하며, '피해 학생의 자작극이다.'라는 말까지 하면서 피해자인 여학생을 더욱 어렵게 만들었습니다.

성적인 문제에 있어서 사람들은 남자에게는 너그럽고 여자에게는 인색한 경향이 있습니다. 우리 사회가 성폭력의 문제에 있어서 가해자에게 더욱 엄격하게 대하는 것은 다행입니다. 그러나 성폭력 피해자에 대하여 부정적인 이미지를 덧씌워 더 힘들게 하는 편견까지 없어져야 할 것입니다.

-_-a 나는요, 이렇게 생각해요!

:-O 예수의 향기 정죄하지 않는 예수님의 절대사랑

부정을 저지르다가 현장에서 잡힌 여자가 있었습니다. 사람들은 수치심과 공포심에 어쩔 줄 모르는 이 여인의 처지를 동정하지 않았습니다. 사람들은 그 여인을 정죄했습니다. 그리고 예수님을 시험하는 도구로 삼았습니다. 사람들은 공개된 이 여인의 죄에 대해서 분개하고 흥분했습니다. 그리고 이 여인을 조롱하고 재판하고 끌고 다니다 돌려 쳐 죽이는 과정을 재미있어라 했습니다. 그런데 이상합니다. 그 현장에는 남자도 있었을 것인데, 남자는 어떻게 된 것일까요? 사람들은 왜 그 남자는 정죄하려고 하지 않고 여자만 정죄하려는 것일까요?

군중들은 이 여인과 예수님을 연결해서 둘 다 정죄하면 더 흥미로울 것이라고 생각했습니다. 그래서 이 여인을 끌고 와서 "율법에는 간음한 자는 돌로 치라고 했는데, 당신은 어떻게 했으면 좋겠습니까?" 라고 예수님께 물었습니다. '돌로 치라'고 말하면 예수님이 가르쳤던 사랑이 가짜라고 비웃을 생각입니다. '돌로 치지 말라'고 말하면 율법을 무시하는 사람으로 정죄할 생각입니다. 그런데 예수님께서는 "너희 중에 죄가 없는 자가 먼저 돌로 치라."고 하셨습니다. '돌로 치라'고 하면서도 돌을 던질 수 없게 만든 대답인 것입니다.

사람들은 돌로 칠 수가 없었습니다. 이 말씀 속에는 '나는 이미 너희들 속에 있는 죄들을 다 알고 있다. 그러므로 돌로 치는 자가 있으면 내가 그 죄를 드러내겠다. 자신 있으면 쳐 봐라.' 라는 의미가 들어 있었기 때문입니다. 예수님께서는 그들에게 돌아갈 시간을 주기 위해서 그들에게서 시선을 돌렸습니다. 그렇게 잠시 예수님께서 땅에다 뭐라고 쓰는 사이에 사람들이 사라져 버렸습니다. 자신들의 죄가 생각나자 양심에 찔려서, 또는 자신의 죄가 드러나서 정죄당하는 것이 두려워서 '재미'를 볼 생각을 할 수 없게 되었습니다.

사람들은 부정을 저지른 여인을 정죄하려고 했지만, 예수님은 이 여인을 정죄하지 않으셨습니다. 불쌍히 여기고 사람들의 정죄에서 구해주셨습니다. 더 나아가서 예수님께서는 여인과 예수님 자신을 정죄하던 사람들까지도 정죄하지 않으셨습니다. 그들 스스로 자신의 죄를 깨닫고, 부끄러워하며 돌아갈 수 있도록. 그래서 더 큰 죄를 짓지 않도록 기회를 주셨습니다. 예수님의 사랑은 정죄하지 않는 절대사랑입니다. 당신의 죄도 정죄하지 않는다는 것을 기억하십시오.

~(~`_`) 주님! 저도 이렇게 살도록 노력할게요.

마태복음 12 : 7 / 하나님께서 진짜 원하시는 것

'나는 ▢▢를 원하고 ▢▢를 원하지 아니하노라.' 하신 뜻을 너희가 알았더라면 무죄한 자를 ▢▢하지 아니하였으리라.

누가복음 6 : 37 / 우리가 하지 말 것과 해야 할 것

비판치 말라, 그리하면 너희가 비판을 받지 않을 것이요, ▢▢하지 말라, 그리하면 너희가 ▢▢를 받지 않을 것이요, ▢▢하라, 그리하면 너희가 ▢▢를 받을 것이요

로마서 8:1, 2 / 예수님 안에 있는 자는 정죄할 수 없어

그러므로 이제 그리스도 예수 안에 있는 자에게는 결코 ▢▢함이 없나니, 이는 그리스도 예수 안에 있는 ▢▢의 성령의 법이 죄와 ▢▢의 법에서 너를 해방하였음이라.

6(^_^) 자신을 위한 기도

이웃을 사랑하기를 원하시는 주님!

오늘 말씀을 통해서 제가 다른 사람을 통해서 잘 못된 재미를 느끼려고 했던 것들이 잘못된 것임을 깨닫습니다. 다른 사람을 놀리면서 재미있어 했던 것들, 다른 사람들이 곤경에 처한 것을 동정하지 못하고 웃음거리로 만들었던 것들, 다른 친구들과 함께 누군가를 따돌렸던 것들을 회개합니다. 용서해주세요. 더구나 누군가를 모함하고 통쾌해 했던 것들, 누군가를 때리거나 괴롭혔던 것들을 철저히 회개하고 용서받게 해주세요.

예수님 이름으로 기도합니다. – 아멘.

요한이 체험한 절대사랑

성경말씀 요한복음 19 : 25~27

예수의 십자가 곁에는 그 어머니와 이모와 글로바의 아내 마리아와 막달라 마리아가 섰는지라, 예수께서 자기의 어머니와 사랑하시는 제자가 곁에 서 있는 것을 보시고 자기 어머니께 말씀하시되 "여자여, 보소서, 아들이니이다." 하시고, 또 그 제자에게 이르시되 "보라, 네 어머니라." 하신대 그 때부터 그 제자가 자기 집에 모시니라.

사람의 냄새 제자에 대한 선생님의 절대사랑과 믿음 때문에

김인강은 가난한 농부의 아들로 태어났는데, 두 살 때 소아마비를 앓았습니다. 가난한 부모는 아들의 치료시기를 놓쳤고, 인강은 결국 걸을 수 없는 아이가 되었습니다. 그의 아버지는 술을 마신 날이면 어김없이 "저런 쓸모없는 놈 제발 좀 갖다버려!" "저 놈을 밭에 파묻어버려!"라고 아내에게 소리치곤 했습니다.

초등학교에 입학할 나이가 되었지만 학교에서 받아주지 않아서 인강은 초등학교조차 다닐 수 없었습니다. 그는 11살이 되어서야 장애아를 수용하여 가르치기도 하는 재활원에 들어갔습니다. 재활원의 생활환경은 열악했지만 공부 때문에 참고 견뎠습니다. 인강은 공부에서는 언제나 1등이었습니다. 그렇게 재활원에서 초등학교 과정을 마치고 중학교에 진학할 때가 되었습니다. 그러나 중학교는 그의 입학을 몇 번이나 거절했습니다. 그러자 인강을 가르쳤던 재활원 선생님은 대전중학교 교장선생님을 찾아갔습니다. "이 학생을 안 받으면 나중에 후회할 겁니다. 이 아이가 나중에 대전중학교 이름을 날릴 테니 두고 보세요!" 라고 애원하기도 하고, 반협박까지 하면서 교장선생님께 입학하게 해달라고 졸랐습니다. 선생님의 제자에 대한 절대사랑과 제자의 실력과 미래에 대한 절대믿음 덕분에, 인강은 그렇게 중학교에 입학할 수 있었습니다.

인강은 그렇게 어렵게 얻은 배움의 기회를 소중하게 여겼습니다. 선생님의 큰 사랑과 믿음을 저버릴 수가 없었습니다. 그 사랑과 믿음에 보답하는 길은 열심히 공

부하는 것 밖에는 없었습니다. 인강은 중학교에서도 늘 전교 1, 2등을 다투며 상위권을 유지했습니다. 그리고 고입 연합고사에서 만점을 받았습니다. 인강은 시에서 주는 장학금을 받고 충남고에 들어갔습니다. 고등학교 때의 선생님은 몸이 불편한 인강이 수학을 전공하도록 이끌어주었습니다. 그렇게 인강은 서울대학교 수학과에 들어갔습니다. 그리고 전체 차석으로 서울대학교를 졸업했고, 전액 장학금을 받으며 미국 버클리대학으로 유학을 했습니다. 유학에서 돌아온 김인강은 카이스트 교수, 서울대 교수를 거쳐서 지금은 한국고등과학원(KIAS) 교수로 재직하고 있습니다. 그는 뛰어난 연구업적으로 40세 이하의 우수한 과학자에게 주는 '젊은 과학자상'을 받았습니다. 김인강 교수는 이제 명실공히 우리나라를 대표하는 수학자가 되어 있습니다. 선생님의 절대사랑이 오늘의 김인강을 만들어주었습니다.

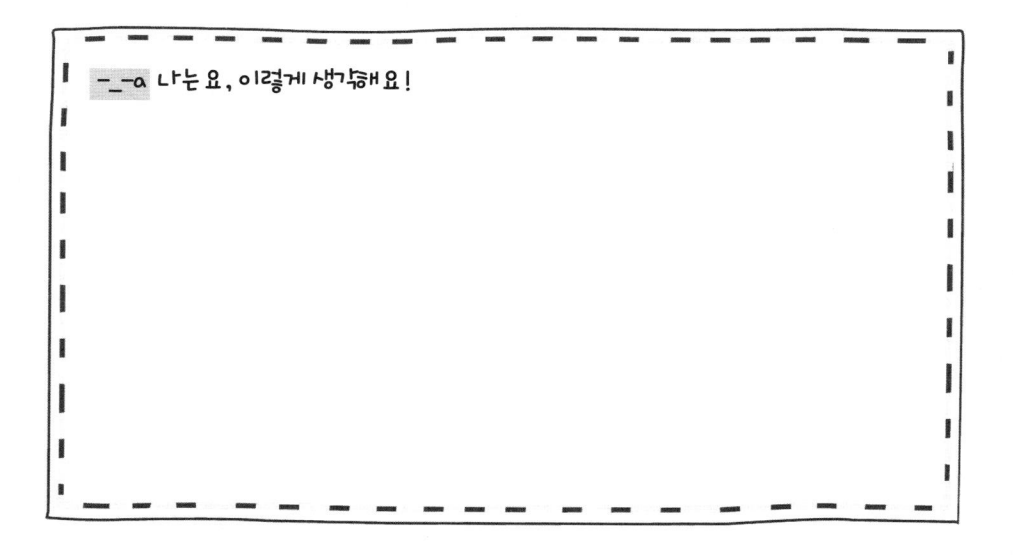

-_-α 나는요, 이렇게 생각해요!

예수님께서 가장 사랑하고 믿었던 제자는 요한입니다. 성경은 요한을 '사랑하시는 제자'라고 표현하고 있습니다. 그만큼 예수님은 요한을 아끼고 사랑하셨습니다. 그리고 누구보다도 요한을 믿으셨습니다.

예수님의 열 두 제자 중에서 예수님께서 십자가를 지시던 모습을 가까이에서 끝까지 지켜본 제자가 요한이었습니다. 한 제자는 예수님을 배반하여 팔아버렸고, 나머지 제자들은 예수님이 잡히시는 모습을 보고서 도망가서 숨었습니다. 오직 요한만이 예수님의 어머니인 마리아를 모시고 십자가 가까이에서 계속 지켜보고 있었습니다.

십자가에 달려 있던 예수님께서는 자기 어머니를 가장 잘 모실 사람이 누구일까를 생각하셨습니다. 마리아에게는 아들이 네 명이나 있었습니다. 예수님에게는 네 명의 육신의 동생들이 있었지만, 그들보다도 자신의 어머니를 더 잘 모실 수 있는 사람은 요한이라고 생각하셨습니다. 그래서 어머니 마리아에게 요한을 가리키시면서 "여자여, 보소서 아들이니이다." 하셨고, 요한에게는 마리아를 가리키시며 "보라! 네 어머니라." 고 하셨습니다. 이것은 어머니 마리아에게 요한을 아들로 생각하고 편하게 그의 부양을 받으시라는 말씀입니다. 요한에게는 마리아를 자신의 어머니로 알고 예수님을 대신해서 잘 모셔달라는 부탁을 하신 것입니다.

그만큼 예수님은 요한을 믿으셨습니다. 그리고 요한은 예수님의 그 믿음을 실망시키지 않았습니다. 요한은 그때부터 즉시 마리아를 자기의 집에 모시기 시작해서 마리아가 죽기까지 모셨습니다. 베드로와 바울이 순교한 이후에는 에베소에 머물면서 요한복음과 요한서신을 썼는데, 그 에베소에서 마리아가 죽기까지 모시고 살았다고 합니다.

당신은 예수님의 제자입니까? 예수님께서 얼마나 사랑하고 믿을만한 제자일까요? 예수님께서 영광을 받으실 때 뿐 만이 아니라 예수님께서 고난을 당하시는 자리까지 함께 할 수 있는 제자입니까? 예수님께서 가장 중요한 일을 믿고 맡길만큼 사랑하는 제자가 됩시다.

~(~'_') 주님! 저도 이렇게 살도록 노력할게요.

마태복음 10 : 37~39 / 누구보다 무엇보다 더 사랑할 것은?

□□□나 □□□□를 나보다 더 사랑하는 자는 내게 합당하지 아니하고, □□이나 □을 나보다 더 사랑하는 자도 내게 합당하지 아니하며, 또 자기 십자가를 지고 나를 따르지 않는 자도 내게 합당하지 아니하니라. 자기 목숨을 얻는 자는 잃을 것이요 나를 위하여 자기 목숨을 잃는 자는 얻으리라.

요한복음 11 : 32~36 / 눈물을 흘리기까지 사랑하시는 예수님

마리아가 예수 계신 곳에 가서 뵈옵고 그 발 앞에 엎드리어 이르되 "주께서 여기 계셨더라면 내 오라버니가 죽지 아니하였겠나이다." 하더라. 예수께서 그가 우는 것과 또 함께 온 유대인들이 우는 것을 보시고 심령에 비통히 여기시고 불쌍히 여기사, 이르시되 "그를 어디 두었느냐?", 이르되 "주여, 와서, 보옵소서!" 하니, 예수께서 눈물을 흘리시더라. 이에 유대인들이 말하되 "보라, 그를 □□□□ □□□하셨는가?" 하며

요한복음 13 : 1 / 자신의 사람을 끝까지 사랑하시는 주님

유월절 전에 예수께서 자기가 세상을 떠나 아버지께로 돌아가실 때가 이른 줄 아시고 세상에 있는 □□□ □□□□을 사랑하시되 끝까지 사랑하시니라.

6(^_^) 자신을 위한 기도

사랑하는 제자에게 사랑하는 모친을 맡기신 주님!

주님께서 기적을 베푸실 때는 많은 사람들이 주님을 따라다녔지만, 고난을 당하실 때는 12제자 대부분이 도망갔는데, 요한은 남아서 주님의 십자가 죽음을 지켜드렸습니다. 그리고 예수님으로부터 어머니를 모셔달라는 개인적인 부탁까지 받아 성심껏 모셨습니다.

주님. 저도 주님의 사랑을 많이 받고, 주님께서 무엇이든지 믿고 맡길 수 있는 믿을 수 있는 사람이 되게 해주세요. 예수님 이름으로 기도합니다. – 아멘.

헤롯과 헤로디아의 사랑

성경말씀 마태복음 14 : 6∼11

마침 헤롯의 생일이 되어 헤로디아의 딸이 연석 가운데서 춤을 추어 헤롯을 기쁘게 하니, 헤롯이 맹세로 그에게 '무엇이든지 달라는 대로 주겠다'고 약속하거늘, 그가 제 어머니의 시킴을 듣고 이르되 "세례 요한의 머리를 소반에 얹어 여기서 내게 주소서." 하니, 왕이 근심하나 자기가 맹세한 것과 그 함께 앉은 사람들 때문에 '주라' 명하고, 사람을 보내어 옥에서 요한의 목을 베어, 그 머리를 소반에 얹어서 그 소녀에게 주니 그가 자기 어머니에게로 가져가니라.

사람의 냄새 마음이 없는 사람

40대 아버지가 10대 딸을 성폭행했다는 죄목으로 구속수감 되었습니다. 언론에 '인면수심의 아버지'로 보도되고, 세상 사람들의 비난을 한 몸에 받았습니다.

그 아버지는 딸의 증언으로 범죄자가 되어버렸습니다. 그 딸은 비행청소년으로 경찰지구대에서 조사를 받게 되었습니다. 경찰이 이 여자 아이를 집으로 돌려보내려고 하자 '아버지가 수년 전부터 때리고 성폭행을 해서 집에는 갈 수가 없다'고 말했습니다. 경찰은 이 아이의 말만 믿고 아버지를 입건하여 구속수감 하여 형사재판에 넘겼습니다.

세상이 퍼붓는 비난과 욕을 다 먹은 아버지는 나중에 무죄로 풀려났습니다. 이유는 딸이 집에 돌아가기 싫고, 아버지에게 혼났던 일도 분하고 해서 거짓말을 했다는 것이 밝혀졌기 때문입니다. 사람의 마음을 갖지 못한 중학교 2학년 딸 때문에 아버지의 인생은 치욕적이고 황폐한 인생이 되고 말았습니다. '마음'을 잃어버린 딸을 둔 아버지가 겪은 비극입니다.

오즈의 마법사에 나오는 도로시의 친구들이 있습니다. 허수아비와 양철 나무꾼과 겁쟁이 사자입니다. 이들은 사람에게 꼭 필요한 것이 하나씩 없습니다. 허수아비는 뇌가 없고, 양철 나무꾼은 마음이 없고, 사자는 용기가 없습니다. 그래도 다행인 것은 그들은 자기에게 무엇이 없고, 무엇을 얻어야 하는지를 알고 있는 것입니다. 그래서 허수아비는 뇌를, 양철 나무꾼은 마음(심장)을, 사자는 용기를 갖기를 간절하게 소망합니다. 그 소원이 너무 간절하기 때문에 오즈의 마법사를 찾아가는 길이 험난하고 힘들어도 끝내 포기하지 않았습니다.

오즈의 마법사의 주인공들에게 없는 것, 자아를 완성하기 위해서는 꼭 찾아야 하는 것들은 사실 우리 사람들에게 꼭 있어야 할 것들입니다. 도로시가 잃은 고향(마음의 고향, 안식처, 인간의 본향), 허수아비가 잃은 뇌(생각하는 능력, 이성), 양철 나무꾼이 잃은 마음(따뜻한 심장), 사자가 잃어버린 용기(선을 위한 용기, 삶을 위한 용기, 믿음을 위한 용기)를 고루 갖춘 사람이 온전한 사람입니다. 그런데 세상에는 그것을 잃어버린 채 사는 사람들 때문에 많은 비극이 발생하고 있습니다.

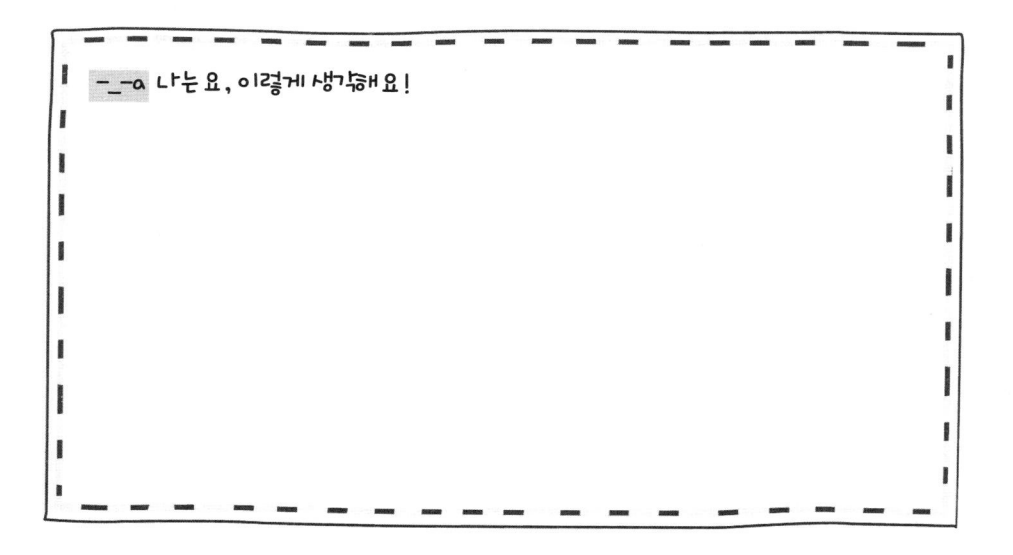

ㅡ_ㅡa 나는요, 이렇게 생각해요!

헤롯왕(헤롯 안티바스)은 갈릴리 지역을 다스리는 로마의 분봉왕이었습니다. 그는 나바티안의 왕인 아레타스의 딸과 결혼해서 20여년을 함께 살았습니다. 그런데 어느 날부터 헤롯왕은 자신의 이복형제인 헤롯 빌립의 아내인 헤로디아와 부정한 관계가 되었습니다. 그러자 헤롯왕의 왕비는 자신의 생명이 위태롭게 되었다는 것을 알아채고 도망쳐 아버지에게로 가버렸습니다. 헤롯왕은 그렇게 첫 번째 아내와 이혼을 하게 되었습니다.

헤롯 빌립의 아내인 헤로디아는 권력을 잃어버린 남편과 이혼하고, 분봉왕인 헤롯 안티바스와 결혼하여 왕비가 되었습니다. 세례 요한은 헤롯왕과 헤로디아의 결혼을 잘못된 것이라고 비판했습니다. 헤로디아 왕비는 그런 세례 요한을 원수로 미워했습니다.

어느 날 살로메가 헤롯왕이 벌인 잔치자리에서 춤을 추었습니다. 살로메는 헤로디아의 딸로 엄마의 재혼으로 졸지에 공주가 된 인물이었습니다. 살로메의 뇌쇄적인 춤에 정신이 빠져버린 헤롯왕은 '어떤 소원이든지 들어주겠다'고 약속했습니다. 영악한 살로메는 즉시 대답하지 않고 자기 엄마인 헤로디아와 의논합니다. 세례 요한에게 원한을 갖고 있던 헤로디아는 세례 요한의 목을 쟁반에 담아 달라고 시켰습니다. 살로메는 그렇게 해서 세례 요한의 목을 요구했습니다. 그리고 쟁반에 담겨져 온 세례 요한의 머리를 들고 엄마에게 가고, 두 모녀는 회심의 미소를 짓습니다. 헤로디아와 살로메 모녀는 참으로 사람의 마음이 없었던 존재들입니다. 마음이 없는 사람들의 사랑은 문제를 일으킵니다. 마음이 없는 사람들의 사랑이 크면 클수록 더 큰 비극이 일어납니다.

참된 사랑은 마음 깊은 곳에서 나오는 사랑이어야 합니다. 이런 사랑은 모두에게 따뜻함을 줍니다. 특히 사랑하는 사람에게 참된 안식처를 제공해줍니다. 때로 참된 사랑은 용기를 필요로 합니다. 사랑의 용기는 신분과 편견을 극복하고 사랑을 완성하게 합니다.

예수님은 이런 완전한 사랑으로 우리를 사랑하십니다. 예수님의 사랑은 하나님과 인간의 존재적 차이를 극복한 절대사랑입니다. 창조주가 피조물을 사랑한 절대사랑입니다. 죄인을 사랑하고 구원하시기 위해서 고난과 조롱과 고통을 감내하면서 십자가에서 목숨을 버린 절대사랑이었습니다. 그 완전한 사랑을 통해서 우리에게 영원한 안식처, 가장 편안한 고향 같은 천국을 주십니다.

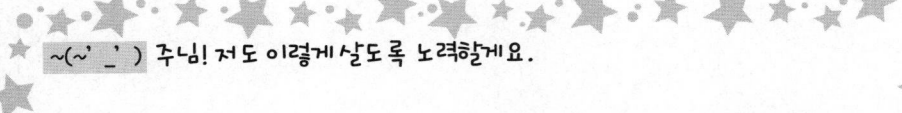

~(~'_') 주님! 저도 이렇게 살도록 노력할게요.

:-) 마음에 새기는 말씀

요한복음 14 : 2,3 / 영원한 처소를 예비해 놓으신 주님

내 아버지 집에 거할 곳이 많도다. 그렇지 않으면 너희에게 일렀으리라. 내가 너희를 위하여 ▢▢를 예비하러 가노니, 가서 너희를 위하여 ▢▢를 예비하면 내가 다시 와서 너희를 내게로 ▢▢하여 나 있는 곳에 너희도 있게 하리라.

누가복음 13 : 31~33 / 사랑하는 자를 위한 희생의 용기

곧 그 때에 어떤 바리새인들이 나아와서 이르되 "나가서 여기를 떠나소서. 헤롯이 당신을 죽이고자 하나이다."이르시되 "너희는 가서 저 여우에게 이르되 '오늘과 내일은 내가 귀신을 쫓아내며 병을 고치다가 제 삼일에는 완전하여지리라' 하라. 그러나 오늘과 내일과 모레는 내가 ▢▢▢을 가야 하리니 선지자가 예루살렘 밖에서는 ▢▢▢이 없느니라."

아가서 5 : 9 / 사람의 사랑보다 나은 하나님의 사랑

여자들 가운데에 어여쁜 자야 ▢의 사랑하는 자가 ▢의 사랑하는 자보다 나은 것이 무엇인가? ▢의 사랑하는 자가 ▢의 사랑하는 자보다 나은 것이 무엇이기에 이같이 우리에게 부탁하는가?

6(^_^) 자신을 위한 기도

따뜻한 마음으로 나를 사랑해주시는 주님!

세례 요한의 이런 죽음을 들으셨을 때 주님께서 몹시 아파하셨을 것 같고, 또 헤로디아와 살로메와 헤롯에게 몹시 분노하셨을 것 같습니다. 세상에는 정상적인 생각을 못하고, 따뜻한 마음도 없고, 의에 대한 용기도 없는 사람들이 많은 것 같습니다. 그리고 그들의 잘못된 사랑이 많은 비극을 만들어냅니다.

주님. 저도 많이 부족합니다. 그러나 이제부터 깊고 선한 생각과 따뜻한 마음과 의와 믿음에 대한 용기를 가지고 살도록 노력하겠습니다. 나를 위한 주님의 절대사랑을 받아들이고, 보답하는 삶을 살겠습니다. 예수님 이름으로 기도합니다. – 아멘.

나인성 과부의 독자 사랑

성경말씀 누가복음 7 : 12~15

성문에 가까이 이르실 때에 사람들이 한 죽은 자를 메고 나오니 이는 한 어머니의 독자요 그의 어머니는 과부라. 그 성의 많은 사람도 그와 함께 나오거늘, 주께서 과부를 보시고 불쌍히 여기사 "울지 말라" 하시고, 가까이 가서 그 관에 손을 대시니 멘 자들이 서는지라 .예수께서 이르시되 "청년아 내가 네게 말하노니, 일어나라!" 하시매, 죽었던 자가 일어나 앉고 말도 하거늘 예수께서 그를 어머니에게 주시니

사람의 냄새 서하진의 칼럼, 그날 이후 나는 모든 원고를 읽는다

나처럼 겸업으로 강의를 하는 사람이라면 수강생들의 습작을 읽고 평가하는 일이 기다린다. 대체로 나는 '기성 작가 못지않은 실력', '열심히 노력하면 좋은 날이 있을 것', '이제 그만 접고 생업으로 돌아가시라'라는 세 가지의 멘트를 적절히 변형해서 사용해 왔으나 언제부터인가 그 분류 방식을 버렸다. 어느 겨울, 장편을 보내온 한 수강생 때문이었다.

나이 예순에 이른 그의 직업은 목사라 했다. 1500여장에 이르는 방대한 분량의 그 원고는 그의 외아들에 대한 이야기였다. 수련의였던 그의 아들은 어느 아침 돌연히 사망했다. 고작 스물일곱 살이었으며, 착하고 다정한 청년이었다. 전형적인 과로사였다. 그는 병원을 상대로 소송을 벌였으나 돌아온 것은 피로와 재정적 곤란뿐.

그는 아들이 살아있을 때의 일과 사망 후의 일들, 아들이 남긴 일기 등을 종횡으로 오가며 소설을 썼다. 그러나 구성 따위는 찾아볼 수 없었으며, 주어와 술어의 관계가 뒤틀린 문장이 드물지 않았고, 문맥을 따라잡기 어려운 부분 또한 적지 않았다. 그러나 나는 마지막 장까지 성의를 다해 읽었다. 세 아이를 기르는 엄마로서 그가 겪은 참척(慘慽 · 자식을 먼저 잃는 일)의 아픔이 고스란히 닿아온 때문이며, 그 과정을 낱낱이 기록한 그의 떨리는 손이 눈에 보이는 듯 다가온 때문이었다.

다 읽고 나서 나는 그에게 솔직한 답신을 썼다. '이건 소설이 아니다. 논픽션도

아니다. 출판을 원한다 했지만 이 상태로는 불가능하다. 꼭 책으로 엮겠다면 엄청난 손질이 필요하다. 만일 원한다면 수정 작업을 도와주겠다.' 잠깐 망설였지만 나는 그대로 메일을 보냈다. 나는 생각했다, 그야말로 상당한 작업이 되겠지만 어쩔 수 없지 않은가?

얼마가 지난 후 그에게서 답신이 왔다. 그는 감사하다고 적었다. 그리고 그는 이렇게 썼다. '어떻게든, 무슨 일이든 해야 한다는 생각에 글을 쓰기 시작했다. 쓰는 동안 새삼 분노가 끓어올랐고, 원고를 보낼 당시만 해도 '무조건 사비를 들여서라도 출판을 해야겠다' 결심했다. 그런데 신기하게도 답을 받은 후 생각이 달라졌다. 이것으로 충분하다. 이제는 되었다. 이제야말로 진정으로 아들을 보낼 수 있게 되었다'고 그는 적었다.

그에게는 소설이 필요한 것이 아니었으며, 그가 원한 것은 한 권의 책도 아니었다. 그가 바란 것은 누군가 자신의 이야기를 읽어줄 사람이었다. 비록 단 한 사람일지라도. 그날 이후 나는 보내 온 모든 원고를 소중히 읽고, 모든 사람에게 계속 써 보라고 말한다. 자신의 재능에 의심이 든다고, 회의가 일어 못 견디겠다 하면 나는 늘 이렇게 말한다. "괜찮아요, 다들 그렇게 살아요. 어쨌든 쓰고 있잖아요."

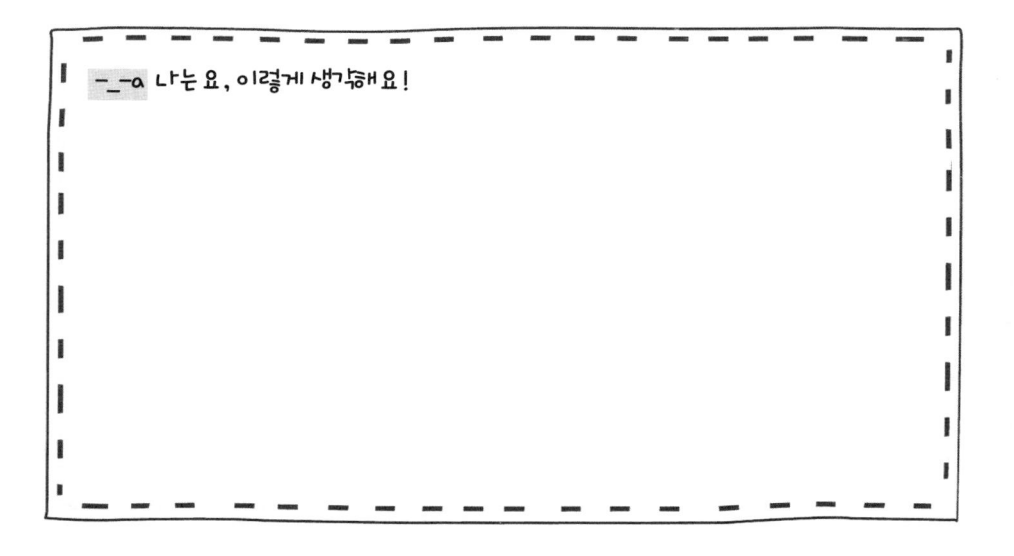

-_-o 나는요, 이렇게 생각해요!

:-O 예수의 향기 아들에 대한 절대사랑

죽음 앞에서 인간은 무력한 존재입니다. 죽음의 모습이 일정하지 않고, 죽음에 대한 슬픔의 크기도 같지 않습니다. 그 누구의 위로도 소용없는 죽음이 있습니다. 어린 자녀를 둔 아내나 남편의 죽음에도, 모든 삶을 전적으로 의존하던 하늘같은 가장의 죽음에도 가족들은 위로받을 길이 없습니다. 그러나 그 어떤 죽음보다도 비통한 죽음은 자식의 죽음입니다. 자식의 죽음을 보는 부모의 슬픔과 고통은 누구의 어떤 말에서도 위로를 받지 못합니다. 더구나 과부의 독자의 죽음은 어머니를 세상에서 가장 큰 슬픔과 고통에 빠지게 합니다. 그 누구도 위로할 수 없는 절대비극입니다.

나인성의 과부가 그 절대비극에 빠졌습니다. 남편 없이 홀로 키운 아들, 자신의 전 존재와 삶을 바쳐 키워낸 아들, 그래서 이제 청년이 된 의젓한 아들, 모든 희망이자 기쁨과 삶의 의미였던 그 아들이 갑자기 죽었습니다. 나인성의 모든 사람들은 함께 슬퍼하고 아파했지만, 어떻게 위로할 수가 없었습니다. 그저 말없이 장사지내주는 것밖에는 아무것도 할 것이 없었습니다. 그러나 예수님은 아니었습니다. 예수님은 그녀의 슬픔, 그녀의 아픔, 그녀를 절대비극에서 건져줄 수 있는 유일하신 분이셨습니다.

주님은 장사행렬을 멈추게 하셨습니다. 그리고 과부에게 "울지 말라" 하셨습니다. 울지 않게 해주시겠다는 것입니다. 죽은 아들을 살려 돌려주심으로써 위로해주시겠다고 생각하신 것입니다. 예수님은 관에 손을 대고 "청년아 내가 네게 말하노니, 일어나라!" 명령하셨습니다. 죽은 청년은 말씀대로 일어나 앉아서 말을 했습니다. 예수님은 그 청년을 과부에게 주셨습니다. 과부는 세상에서 가장 큰 것을 주님으로부터 받았습니다. 세상 전부보다 더 크고 귀한 것, 세상 모든 사람을 합한 것보다 더 중요하고 의미 있는 사람, 그 아들을 주님으로부터 다시 받았습니다.

당신에게 혹 어떤 슬픔과 아픔과 비극이 있는 것은 아닌가요? 세상 어떤 사람도 위로할 수 없는 것이라도 소망의 주님을 바라보십시오. 우리의 절대소망이 되시는 주님께서 우리의 소망을 이루어주실 것입니다.

~(~'_') 주님! 저도 이렇게 살도록 노력할게요.

창세기 37 : 35 / 자식의 죽음을 대하는 아버지의 마음

그의 모든 자녀가 ☐☐하되 그가 그 ☐☐를 받지 아니하여 이르되 "내가 슬퍼하며 스올로 내려가 아들에게로 가리라." 하고 그의 아버지가 그를 위하여 울었더라.

예레미야 31 : 15 / 위로 받기를 거절하는 자식 잃은 어머니의 마음

여호와께서 이와 같이 말씀하시니라. 라마에서 슬퍼하며 통곡하는 소리가 들리니 라헬이 그 ☐☐ 때문에 애곡하는 것이라. 그가 자식이 없어져서 ☐☐ 받기를 거절하는도다.

이사야 61 : 3 / 재 대신 꽃모자를 주어 위로해주시는 하나님

무릇 시온에서 슬퍼하는 자에게 ☐☐을 주어 그 ☐를 대신하며, ☐☐의 기름으로 그 ☐☐을 대신하며, ☐☐의 옷으로 그 ☐☐을 대신하시고, 그들이 의의 나무 곧 여호와께서 심으신 그 영광을 나타낼 자라 일컬음을 받게 하려 하심이라.

6(^_^) **자신을 위한 기도**

위로의 주님!

주님은 누구도 위로할 수 없는 절대슬픔을 위로해 주시는 분이시고, 누구의 위로도 위안이 되지 않는 절대비극에서 건져주시는 분이심을 믿습니다. 모든 희망과 의미가 담긴 존재, 그것을 되돌려주시는 분이신줄 믿습니다.

저의 모든 슬픔과 아픔을 위로해주시고, 비극에서 건져주셔서 소망과 행복이 넘치는 삶을 살게 도와주세요. 예수님 이름으로 기도합니다. – 아멘.

디모데가 받은 절대사랑

♫♪ 성경말씀 디모데후서 1 : 3~5

내가 밤낮 간구하는 가운데 쉬지 않고 너를 생각하여 청결한 양심으로 조상적부터 섬겨 오는 하나님께 감사하고, 네 눈물을 생각하여 너 보기를 원함은 내 기쁨이 가득하게 하려 함이니, 이는 네 속에 거짓이 없는 믿음이 있음을 생각함이라. 이 믿음은 먼저 네 외조모 로이스와 네 어머니 유니게 속에 있더니 네 속에도 있는 줄을 확신하노라.

:-ㅣ 사람의 냄새 유산 물려주기 경쟁?

우리나라 사람들의 자녀사랑은 유별납니다. 재산을 물려주는 일에 있어서는 세계 최고를 자랑합니다. 그래서 10살 남자아이가 680억 원이나 되는 주식을 증여받는 등 부자 어린이가 세계에서 가장 많은 나라가 되었습니다. 사람들은 자기 자녀들과 후손들에게 좋은 것을 물려줄 수 있기를 소망합니다. 할 수만 있다면 좋은 것으로 많이 물려주기를 소망합니다. 문제는 무엇이 '좋은 것'인가 하는 것입니다.

짐 스토벌의 책 『상자 속 인생(The ultimate gift)』은 최고의 유산이 무엇인지를 생각하는데 유익한 책입니다. 기업가 스티븐스는 장남에게는 석유가스회사(6억 달러), 차남에게는 자신의 모든 주식과 채권을, 딸에게는 살던 집과 목장과 소들을 유산으로 주었습니다. 그런데 스티븐스가 자녀들보다 더 사랑했던 24세의 젊은 조카손자 레드 제이슨에게는 달랑 봉인된 박스 하나를 유산으로 남기고 죽었습니다. 제이슨은 자기는 자식이 아니니까 애정이 덜해서 유산을 물려주지 않은 것이라고 서운해 했습니다.

박스에는 12개의 스티븐스의 영상메시지가 들어있습니다. 테이프에는 번호가 매겨져 있고, 한가지씩의 과제를 내주는 메시지가 담겨 있습니다. 12개의 과제를 다 통과해야만 뭔지 모를 유산을 받을 수 있게 됩니다. 제이슨은 주어진 과제를 한 달 동안 실천하고 변호사의 검사를 통과해야 다음 단계로 갈 수 있습니다. 과제에 실패하면 변호사의 직권으로 취소될 수 있습니다.

12단계의 과제들은 일, 돈, 친구, 배움, 고난, 가족, 웃음, 꿈, 나눔, 감사, 하루, 사랑과 관계되어 있었습니다. 그것들의 의미를 체험하면서 인생에 대한 참 의미를 제대로 깨닫게 하기 위한 장치였던 것입니다. 제이슨은 처음에는 불평불만이 많았지만, 과제를 실천하면서 겪게 되는 체험들을 통해서 생각과 가치관, 사람과 삶이 바뀌게 됩니다. 어렵게 12관문을 통과했을 때 제이슨에게 주어진 유산은 10억 달러 상당의 자선재단과 그 운영권이었습니다. 그러나 제이슨이 받게 된 가장 소중한 유산은 '의미 있는 인생' 자체였습니다.

-_-α 나는요, 이렇게 생각해요!

:-O 예수의 향기 절대사랑이 물려주는 최고의 유산

유산에는 세 가지 종류가 있습니다. 물질적 유산, 정신적 유산, 영적인 유산입니다. 물질적 유산보다는 정신적 유산이, 정신적 유산보다는 영적인 유산이 더 중요하다는 사실을 아는 사람은 얼마나 될까요? 물려주는 사람이나 물려받는 사람이나 그 중요성을 깨닫고 주고받을 수 있었으면 좋겠습니다. 물질적이고 정신적인 유산보다 더 좋은, 더 귀중한 유산을 물려받은 대표적인 사람이 디모데입니다. 디모데가 물려받은 유산은 '믿음'이라는 영적인 재산이었습니다.

디모데의 외할머니 로이스는 딸 유니게에게 좋은 믿음을 물려주었고, 유니게는 자기 아들 디모데에게 좋은 믿음을 물려주었습니다. 좋은 믿음을 물려받은 디모데는 바울을 만나 더 잘 훈련되었고, 바울 사도가 가장 아끼고 사랑하는 제자로 목회자가 되었습니다. 기독교가 존재하는 한, 예수님을 믿는 사람들이 있는 한, 성경을 읽는 사람이 있는 한 디모데의 이름은 칭송을 받을 것입니다. 그는 누구보다도 신실한 목회자였기 때문입니다.

만약 디모데의 외할머니 로이스가 자기 딸 유니게에게 신실한 믿음이 아니라 몇 백 억 원의 재산을 유산으로 물려주고, 유니게가 그 재산을 자기 아들 디모데에게 물려주었다면 디모데의 인생이 더 나았을까요? 아마도 디모데의 이름도 세상에 살다가 죽은 이름 없는 부자들 중의 한 사람이 되었을 것입니다.

영원한 생명에 대한 절대소망이 있는 사람이라야 물질보다는 정신적인 유산, 정신보다는 영적인 유산이 더 '좋은 유산'인 것을 인정할 수 있습니다. 영생과 영원한 복락에 대한 절대소망은 자신의 자녀에게 '좋은 믿음'을 유산으로 물려주도록 합니다. 그 '좋은 믿음'이 자기의 자녀를 세상에서도 잘 살게 하고, 이 세상에서의 삶이 끝난 후에는 천국에서 영원히 행복하게 살 수 있게 만들어 줄 것이기 때문입니다.

당신의 자녀들에게 '좋은 믿음'을 최고의 유산으로 물려주기 위해 힘쓰십시오. 그리고 자녀들 또한 '믿음'을 세상에서 가장 좋은 유산으로 받고, 그렇게 물려줄 수 있는 절대소망의 사람이 되게 하십시오.

~(~'_') 주님! 저도 이렇게 살도록 노력할게요.

에베소서 1 : 17~19 / 하나님의 부르심의 소망을 알자

우리 주 예수 그리스도의 하나님, 영광의 아버지께서 지혜와 계시의 영을 너희에게
주사 하나님을 알게 하시고, 너희 마음의 눈을 밝히사 그의 ░░░░의 ░░
이 무엇이며 성도 안에서 그 ░░의 영광의 ░░░░이 무엇이며, 그의 힘의
위력으로 역사하심을 따라 믿는 우리에게 베푸신 능력의 지극히 크심이 어떠한 것을
너희로 알게 하시기를 구하노라.

갈라디아서 3 : 29 / 아브라함의 자손으로서 기업을 받을 자

너희가 그리스도의 것이면 곧 아브라함의 ░░░이요 약속대로 ░░을 이을
자니라

갈라디아서 4 : 6, 7 / 하나님의 아들로 기업을 받을 우리

너희가 ░░이므로 하나님이 그 아들의 영을 우리 마음 가운데 보내사 아빠 아
버지라 부르게 하셨느니라. 그러므로 네가 이후로는 ░░이 아니요 ░░이니 아
들이면 하나님으로 말미암아 ░░을 받을 자니라.

6(^_^) 자신을 위한 기도

하나님의 영이신 주님!
사람들은 물질적인 가치를 높이 평가하고 영적인 가치에 대해서 잘 모르는 것 같습니
다. 특히 자녀들을 양육하고 뒷바라지하는데 있어서 돈 버는 능력을 키워주고, 많은 돈을
갖고 살게 해주는 것을 목표로 삼는 부모들이 많습니다. 주님, 주님께서 바라시는 것은
그것이 아님을 깨닫게 하시니 감사합니다. 세상 부모들로 하여금 영적인 가치를 모르고
사는 것은 절대로 '잘 사는 것'이 아니라는 것을 알게 해주세요. 그래서 세상에서와, 세상
에서 뿐만 아니라 영원히 복된 삶을 살게 해줄 '좋은 믿음'을 유산으로 물려주는 부모들
이 되게 도와주세요. 예수님 이름으로 기도합니다. – 아멘.

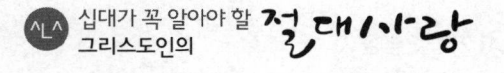

십대가 꼭 알아야 할 그리스도인의 **절대사랑**

초판 1쇄 발행일 / 2012년 12월 20일

지 은 이 손승락
발 행 처 도서출판 요셉의 꿈
발 행 인 전미라
편집디자인 박현주

등록번호 제25100-2010-000003호
등록일자 2010년 1월 27일

값 2,800원
ISBN 978-89-963966-8-0

총   판 하늘유통
　　　　　Tel. 031) 974-7777
　　　　　413-853 경기도 파주시 광탄면 분수리 335-3